Tiere in Gefahr

Nur weil sie sich lautlos bewegen, wirken Echsen, wie hier eine **Meerechse,** *auf viele Menschen unheimlich und bedrohlich.*

Der **Weißkopfseeadler**, das beeindruckende Wappentier der USA, ist vom Aussterben bedroht.

Tiere in Gefahr

*Die imposanteste und größte Wildkatze, der **Tiger**, hat eigentlich nur einen natürlichen Feind: den Menschen.*

Unipart-Verlag • Stuttgart

Inhalt

Tiere, Pflanzen und Menschen sind bedroht	10
Leben und Aussterben gehören zusammen	12
Die Verehrung der Tiere	14
Kleine Eingriffe in die Natur mit großen Folgen	16
Eintönige Böden sind kein Lebensraum für Insekten	18
Bedroht als Gruppen und Einzeltiere: die Immen	20
Insekten – ausgestorben schon vor ihrer Entdeckung	22
Müllkippe Meer – Artenreichtum unter Wasser gefährdet	24
Die Meere werden leergefischt	26

*Süßwasservögel wie dieser **Haubentaucher** werden von rücksichtslosen Menschen oft von ihren Brutstätten vertrieben.*

©1993 Unipart-Verlag, Stuttgart

Veronika Mirschel
Junior Wissen: Tiere in Gefahr
(Red. Leitung: Dieter Rex)

Zeichnungen:
Kornelia Riedl, München;
Charilaos Theodorou, Jesenwang
Fotos:
Tony Angermayr, Holzkirchen: 1;
Animal 2000: 1
Archiv für Kunstgeschichte, Berlin: 3;
DPA, Frankfurt: 3;
Greenpeace, Hamburg: 6;
Ifa-Bilderteam, München: 3;
Keystone, Hamburg: 1;
Okapia, Frankfurt: 1;
Stiftung Preussischer Kulturbesitz, Berlin: 1;
Sylvestris, Kastl: 43;
WWF, Hamburg: 1

Produktion: Dieter Rex, Verlagsproduktion, Utting a. Ammersee

ISBN 3 8122 3235 9

*Die farbenfrohe Vielfalt der Insekten ist durch das Artensterben bedroht. Auch der **Alpenbockkäfer** braucht Schutz.*

Süßwasserfische kennen keine Kläranlagen	28
Der Froschregen versiegt	30
Feuchtgebiete werden trockengelegt	32
Den natürlichen Feinden zum Trotz – Schildkröten	34
Krokodile – lebende Fossilien als Zielscheiben	36
Schlangen – Opfer vieler Vorurteile	38
Gerupft und getötet als Lieferanten von Kopfschmuck	40
Menschengerecht aber vogelfeindlich: Wasserläufe	42
Gefährlicher Flug in das Winterquartier	44
Der Exot für den Käfig	46
Hühnervögel – angepaßt an harte Lebensbedingungen	48
Die Jagd auf Greifvögel für Abschußprämien	50
Lebens- und Nahrungsräume der Eulen werden knapp	52
Der Storch kehrt nicht zurück	54
Das Ewige Eis – ein unwirtlicher Lebensraum	56
Australien – ursprünglich eine Tierwelt ohne Feindschaft	58
Igel und Mensch als Freund und Feind	60
Der weltweite Vernichtungszug gegen die Biber	62
Die Fürsten der Finsternis sterben aus	64
Menschen verdrängen Südamerikas »zahnlose« Tiere	66
Das lange Sterben der Wale	68
Millionenfacher Delphintod im Treibnetz	70
Die Seekühe – verwandt mit den Elefanten	72
Der Elefant als Lieferant des »Weißen Goldes«	74
Leicht erlegbares Opfer – Nashorn	76
Hirsche – Nahrungsgrundlage der Menschen	78
Die Verehrung der Bären	80
Eisbären sind keine Menschenfresser	82
Das grausame Schlachten der Robben	84
Die Großkatzen – Opfer ihrer Schönheit	86
Marder – Jäger und Gejagte	88
Reiche Länder holzen Lebensräume ab	90
Ausgerottet durch Affenliebe	92
Adressenverzeichnis	94
Rote Liste	96
Index	98

*Früher wegen seines Fells begehrt und getötet, verliert der **Grizzlybär** heute im Kampf um Lebensraum gegen die Menschen.*

Pflanzen, Tiere und Menschen sind bedroht

Täglich sterben auf unserem Planeten 100 bis 150 verschiedene Tier- und Pflanzenarten aus. Nur selten ist dieses Artensterben auf einen einzigen Grund zurückzuführen. Der Veränderung und Verschmutzung der Umwelt, der Profitgier der Menschen, aber auch dem nackten Kampf um das Überleben vieler Menschen fallen zahlreiche Tierarten zum Opfer. Doch die Tierwelt, die die Menschen jetzt unbedacht zerstört, gehört zu unserem Leben. Ein menschliches Überleben ohne die Artenvielfalt, ohne Rücksicht auf das Leben von Tieren und Pflanzen um uns herum macht letztlich auch uns Menschen ärmer.

In diesem Buch wird deutlich: Für die Tierwelt ist es fünf Minuten vor zwölf. Viele Tierarten sind nicht mehr zu retten – sie sind unwiederbringlich ausgerottet.

Wir wollen nicht zum Nachtrauern anregen. Vielmehr wollen wir mit diesem Buch bewußt machen, daß wir heute all die Tiere retten müssen, die vom Aussterben bedroht sind. Dazu müssen wir sehr genau hinschauen lernen, wie vielfältig die Gründe für das Aussterben sind. Erst dann können wir das Massensterben der Tiere stoppen – und das Leben der Menschen wieder etwas mehr in Einklang mit unserer Umwelt, mit den Tieren bringen. Deswegen haben wir sehr viel über die Umweltbedingungen geschrieben, unter denen die Pflanzen- und die Tierwelt und letztendlich auch wir Menschen leiden.

Von den Wirbellosen zu den Säugetieren

Wir haben das Buch nach Tierarten sortiert, wie sie von dem schwedischen Naturforscher Carl von Linné im 18. Jahrhundert systematisiert wurden. Das heißt: Wir beginnen mit den

Weissagung der Cree

Erst wenn der letzte Baum gerodet, der letzte Fluß vergiftet, der letzte Fisch gefangen, werdet ihr feststellen, daß man Geld nicht essen kann!

Bild 1: Das ursprüngliche Dorf war umgeben von kleinen, sehr unterschiedlich bepflanzten Feldern. Bäume und Hecken blieben erhalten. In solchen Gegenden mit seinen sehr verschiedenen Pflanzenarten, hatten viele Tiere ihre Nischen, in denen sie leben konnten.

Bild 2: Mit der Einführung großer Maschinen für die Landarbeit mußten die Bäume weichen, die Felder wurden größer und damit artenärmer. Viele Tiere fanden keine Nahrungs- und Lebensräume mehr.

Wirbellosen und enden bei den Säugetieren. Einen groben Überblick über diesen Stammbaum haben wir auf der nächsten Seite dargestellt. Wenn ihr eine bestimmte Tierart sucht, aber nicht wißt, unter welcher Überschrift ihr ein Tier suchen sollt, dann könnt ihr im Stichwortregister am Ende des Buches nachschlagen. Dort sind alle erwähnten Tierarten alphabetisch aufgeführt. Einen Überblick über die sogenannte »Rote Liste«, eine Liste, in der alle bedrohten Tierarten aufgeführt sind, findet ihr dort ebenso wie ein Adreßregister mit Umweltorganisationen, in denen ihr mehr erfahren – oder gar aktiv am Erhalt unserer Tierwelt mitarbeiten – könnt.

Wir hoffen, euch mit diesem Buch viel spannenden Stoff zum Lesen, zum Nachdenken und vielleicht auch zum aktiven Handeln geliefert zu haben.

Zahlreiche Tierarten – wie das *Nashorn* oder auch Rhinozeros – wurden von den Menschen rigoros bejagt und ausgerottet. Ein häufiger Grund: Die Tiere liefern Rohstoffe, mit denen sich viel Geld verdienen läßt. Das Nashorn wurde wegen seines Horns bis an den Rand seiner Ausrottung verfolgt.

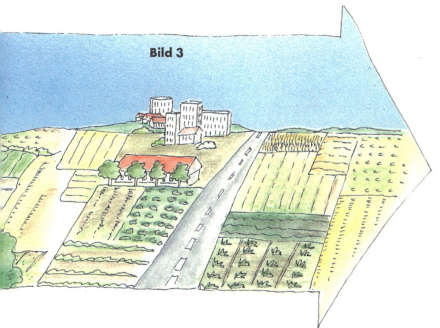

Bild 3: Das Dorf verschwindet in seiner Bedeutung. Immer mehr Menschen leben auf der Welt, und deswegen müssen größere Häuser gebaut, muß mehr Nahrung produziert werden. Die Landwirtschaft wird industrialisiert. Die Felder werden noch größer und einförmiger. Die Landschaften werden von Straßen zerschnitten, damit die Menschen sich in ihren Autos schneller fortbewegen können. Die ursprünglich artenreiche Tierwelt hat in dieser – nur nach den Bedürfnissen der Menschen gestalteten – Landschaft keinen Platz mehr.

Leben und Aussterben gehören zusammen

Tierisches Leben entstand vor rund einer Milliarde Jahre – und mit seiner Entstehung begann ein langer Entwicklungsprozeß, in dessen Verlauf Überleben und Aussterben immer direkt miteinander verbunden waren. Auch in der Entwicklung des Menschen gab es Lebensformen, die untergingen, ausstarben. Wir wissen heute, daß sich der Mensch vom Pflanzen- zum Fleischfresser entwickelte – und dieses fleischfressende Säugetier Mensch suchte Beute, so wie andere Tiere auch.

Die Menschen als Jäger

Die ersten Menschen lebten vor rund 300 000 Jahren und jagten kleinere Wildarten und große Tiere wie Moschusochsen, Rentiere, Pferde und Mammuts. Doch war die Jagd damals und in der Folgezeit nicht die Hauptursache für das Aussterben von Tieren. Die Menschen jagten nur so viel, wie sie Fleisch zum Verzehr, Felle als Kleidung oder Knochen für Werkzeuge brauchten. Von größerer Bedeutung dürfte der entstehende Ackerbau gewesen sein. Die Menschen brannten Waldflächen nieder und verschafften sich so Anbauflächen, veränderten oder zerstörten Biotope – und verdrängten dadurch Tiere.

Die Ausrottung durch die Menschen beginnt

Vor 400 Jahren hatten die Menschen Jagd- und Waffentechniken entwickelt, mit denen sie die Bestände ganzer Tierarten bedrohten. Damals begannen die Überjagung und die Überfischung. So wurden nach der jeweiligen Entdeckung durch die Menschen auf begrenzten Lebensräumen, wie etwa Inseln, Tierarten gejagt, verfolgt, ausgerottet. Die Menschen machten in dieser Zeit auch Jagd auf wilde Tiere, von denen sie sich selbst, ihre Haustiere und ihre Äcker bedroht sahen. Sie schossen beispielsweise Wölfe und

*Eine »Weltmacht« stirbt aus: Die **Dinosaurier** bevölkerten in der Jura- und Kreidezeit vor 60 Mio. die Erde. Noch heute gibt es keine eindeutige Erklärung dafür, woran diese »Weltmacht« ausstarb.*

Der Kampf ums Dasein

Die Abstammungslehre (Evolutionstheorie) geht davon aus, daß sich die Entwicklung der Arten über sehr lange Zeiträume vollzogen hat – und anhält. So hat sich jedes Leben aus einfachen Kleinstlebewesen entwickelt. Es gab Veränderungen (Mutationen) in den Erbinformationen, die die Anpassung der Arten an ihre Umwelt über Generationen veränderte. Charles Robert Darwin (1809 – 1882) entwickelte die Evolutionstheorie weiter. Sie besagt: Die Nachkommen einer Art sind unterschiedlich. Einige sind für den harten Konkurrenzkampf in der Natur besser, andere schlechter ausgestattet. Den »Kampf ums Dasein« gewinnen die Einzeltiere, die an die Umwelt am besten angepaßt sind. Die Schwächeren fallen der natürlichen Auslese zum Opfer und können so die schwächeren Erbinformationen nicht weitergeben.

*Im Kampf ums Dasein überleben nur die fähigsten Tiere einer Art. Alte und vor allem kranke Tiere fallen der natürlichen Auswahl zum Opfer – wie dieses **Gnu** – das den Löwen nicht entkommen konnte.*

Bären ab und rotteten sie in verschiedenen Gebieten aus. Einen besonderen Sport machten sich die Damen und Herren an den Fürsten- und Königshöfen aus der Jagd.
Weltweit – so haben Forscherinnen und Forscher herausgefunden – starb etwa alle vier Jahre eine Tierart aus. Anfang des 20. Jahrhunderts wurde bereits jährlich eine Tierart ausgerottet. Seither ist diese Rate rasant angestiegen. Zahlreiche Tierarten sind nicht »nur« der gnadenlosen Bejagung zum Opfer gefallen.

Das natürliche Gleichgewicht gerät aus den Fugen

Die Menschen haben das natürliche Gleichgewicht auf der Welt aus den Fugen gebracht. Die Umwelt ist so sehr verändert und zerstört, daß ein Überleben für viele Tierarten nicht möglich ist.

Tatsächlich kennen selbst Wissenschaftlerinnen und Wissenschaftler nicht die Zahl der auf der Erde lebenden Tierarten. Aus der Studie »Global 2000 – der Bericht an den Präsidenten«, die in den 80er Jahren in den Vereinigten Staaten erschien, läßt sich aber folgender Schluß ziehen: Täglich sterben auf der Erde rund 100 bis 150 Tier- und Pflanzenarten für immer aus.

Tierarten und Populationen

Zu einer Tierart – oder Spezies – gehören jeweils alle Tiere, die im wesentlichen den gleichen Genbestand aufweisen. Ihre Erbanlagen sind in den wesentlichen Informationen gleich. Sie unterscheiden sich im Aussehen nur durch Einzelheiten. Die weiblichen und männlichen Tiere einer Art sind in der Lage, sich untereinander fortzupflanzen. Es gibt nur wenige Tierarten, die weltweit verbreitet sind. Meist kommen sie in einem oder mehreren Verbreitungsgebieten – sogenannten Arealen – vor. Innerhalb dieses Areals wiederum leben einzelne Populationen.

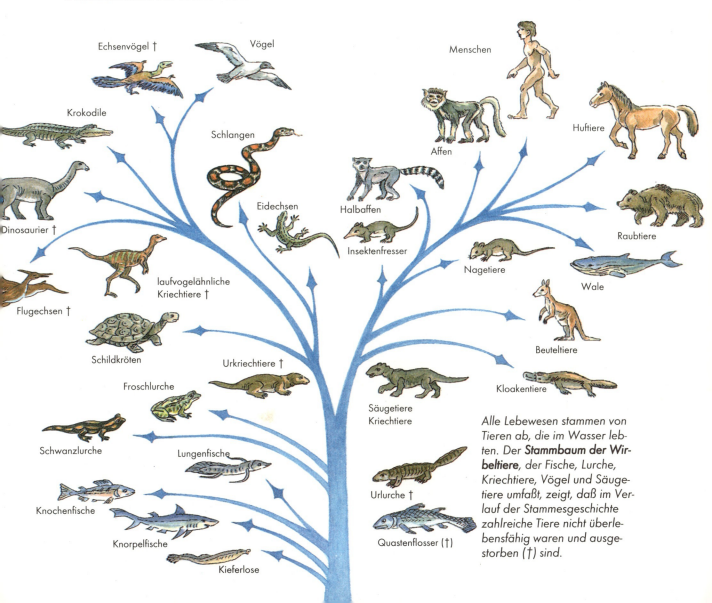

Alle Lebewesen stammen von Tieren ab, die im Wasser lebten. Der **Stammbaum der Wirbeltiere**, der Fische, Lurche, Kriechtiere, Vögel und Säugetiere umfaßt, zeigt, daß im Verlauf der Stammesgeschichte zahlreiche Tiere nicht überlebensfähig waren und ausgestorben (†) sind.

Die Verehrung der Tiere

Unsere Vorfahren lebten im Einklang mit der Natur. Aus Höhlenzeichnungen erfahren wir, daß sie mit und von den Tieren lebten, viele sogar als Götter verehrten. Als die Menschen sich zu den Herren über die Natur machten, wurde dieser Einklang zwischen Tier und Mensch stark zurückgedrängt. Nur wenige Naturvölker haben sich diesen Einklang erhalten. Auch bei uns finden wir in Märchen oder Symbolen noch Spuren der Tierverehrung – zum Beispiel in der Taube, die als Symbol der Friedensbewegung dient.

Ein entscheidender Einschnitt in dem Verhältnis von Mensch und Natur, von Mensch und Tier, brachte das rasante Anwachsen der Weltbevölkerung. Anbaumethoden und medizinische Fortschritte trieben die Bevölkerungszahlen hoch. Lebten Mitte des 17. Jahrhunderts etwa 500 Mio. Menschen auf der Erde, so liegt ihre Zahl heute bei rund 5,5 Milliarden. Die Menschen bauten Städte, weiteten Anbauflächen aus und zerstörten damit zunehmend die Natur. Mit der Industrialisierung Anfang des 19. Jahrhunderts wuchs der Bedarf an Rohstoffen. Holz, Kohle, Öl, Gas und Erze wurden ohne Rücksicht auf die Folgen für die Natur abgebaut. Ihre Verbrennung und Verarbeitung vergifteten die Umwelt.

Alle sind die Verlierer

Den Gewinn aus diesem Raubbau zogen vorerst nur die industrialisierten Länder. Sie zwangen die arm gehaltenen Länder dazu, mit ihren Lebensgrundlagen zu handeln. Diese ehemaligen Kolonialstaaten haben wenig Möglichkeiten, anders Geld auf dem Weltmarkt zu verdienen. Sie liefern seltene Tiere, edle Hölzer, Bodenschätze in den reichen Teil der Welt, ebenso wie Produkte aus Anbauflächen, für die etwa der artenreiche Regenwald abgeholzt werden muß.

CITES – ein Instrument zum Schutz der Arten

Ein erster Meilenstein zum Schutz der Arten wurde 1973 in Washington gelegt. Mit der »Konvention zum internationalen Handel mit gefährdeten Tier- und Pflanzenarten« (Convention on International Trade in Endangered Species – CITES) wurde erstmals ein umfassendes Artenschutzabkommen abgeschlossen. 57 Staaten leisteten damals eine Unterschrift. CITES trat 1975 in Kraft.
Mit diesem Washingtoner Artenschutzabkommen verpflichten sich die mittlerweile 118 Mitgliedsstaaten, die rund 8000 bedrohten Tier- und 40 000 Pflanzenarten nicht oder nur mit Ausnahmegenehmigung ein- oder auszuführen. Die bedrohten Arten werden auf einer Liste mit drei Schutzkategorien (Anhang I bis III) aufgeführt. CITES arbeitet mit Zollfahndung und INTERPOL zusammen.

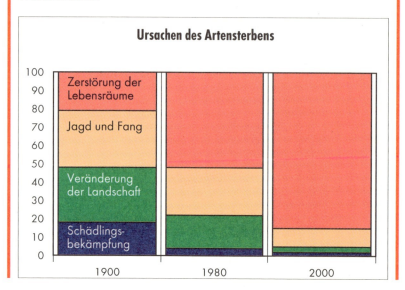

Die **Ursachen des Artensterbens** haben sich im Lauf der vergangenen 100 Jahre verschoben. Die Abbildung zeigt deutlich, daß die Zerstörung der natürlichen Lebensräume die Hauptursache darstellt und an Bedeutung in den kommenden Jahren vermutlich zunimmt.

ARTENSCHUTZ

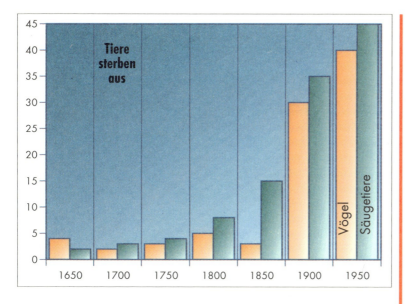

*Die Zahl aussterbender Vögel und Säugetiere, deren **Aussterben** erfaßt wurde, ist in den vergangenen 400 Jahren rapide angestiegen. Die meisten Tierarten, die ausstarben, lebten auf Inseln. Ihre Populationen waren dadurch teilweise ohnehin recht klein.*

Während die Umwelt in diesen Ländern aus Hunger und Not zerstört wird, ist es die reine Gewinnsucht, die die reichen Länder sorglos werden ließ. Fabrikschornsteine und Autoabgase verpesten die Luft, natürliche Lebensräume werden durch Straßen zerstört, mit gefährlichen Chemikalien zur Unkraut- und Insektenvernichtung werden die Ernteerträge in die Höhe getrieben und der Boden verseucht, unbedacht werden die wachsenden Müllmengen und Abwasser in Flüsse, Seen und Meere eingeleitet.

Die Schäden, die wir unserer Umwelt antun, die auf uns Menschen, auf die Pflanzen und die Tierwelt zurückfallen, kennen keine Grenzen. Mit jedem Hektar Tropenholz, das in Afrika, Asien oder Lateinamerika abgeholzt wird, mit jedem Waldgebiet, das bei uns an den Folgen des sauren Regens stirbt, verändert sich weltweit das Klima. Deswegen ist der Schutz unserer natürlichen Umwelt nicht begrenzt denkbar. Weltweites Handeln ist notwendig – auch und gerade, um den Artenreichtum auf der Welt zu sichern.

Vereinbarung zum Schutz der Meeressäugetiere

Diese Vereinbarung verbietet grundsätzlich die Jagd, den Transport, den Erwerb, den Verkauf und das Angebot zu Kaufen oder zu Erwerben von Meeressäugetieren oder Tierteilen. Die Eingeborenen Alaskas dürfen Meeressäugetiere für die eigene Nahrungssicherung jagen und traditionelle Gegenstände für den eigenen Gebrauch aus ihnen herstellen.

*1992 trafen sich erstmals hochrangige Politiker und Politikerinnen aus fast allen Ländern der Welt, um über die Sicherung der Umwelt zu diskutieren. Dieser **Umweltgipfel** im brasilianischen Rio de Janeiro aber brachte nicht die erhofften Ergebnisse. Die Politikerinnen und Politiker versprachen zwar viel, beschlossen aber wenig. Die Grundfrage, daß die reichen Länder die ärmeren unterstützen müßten, damit diese nicht zum Raubbau an ihrer Natur gezwungen sind, wurde nicht gelöst. Zahlreiche Umweltschutzorganisationen – darunter auch viele internationale Kindergruppen – versuchten in Rio de Janeiro mit Aktionen ihre Forderung nach dem Schutz der Umwelt deutlich zu machen. Kinder versammeln sich um einen symbolischen Lebensbaum, um auf die Zerstörung der Regenwälder hinzuweisen.*

Kleine Eingriffe in die Natur mit großen Folgen

Eingriffe in ein funktionierendes Ökosystem sind nie folgenlos. Selbst harmlos erscheinende Veränderungen können schwerwiegende Folgen haben. Um darzustellen, wie kleine Veränderungen in einem Ökosystem bis zur Zerstörung des ganzen Systems führen können, hat die Wissenschaft viele Modelle entwickelt, die Zusammenhänge deutlich machen. Drei Modelle von Ursache und Wirkung hat der Pädagoge Dieter Wehnert zusammengefaßt:

Die Kausalkette

Am Beispiel der Nahrungsketten läßt sich besonders gut erkennen, daß eine kleine Veränderung im Ökosystem zur Vernichtung der natürlichen Ordnung führen kann. Das gilt besonders dort, wo ein Tier auf eine bestimmte Nahrung angewiesen ist. Ein Beispiel: die Vernichtung des Dodovogels auf Mauritius. Diese Riesentaubenart wurde vom Menschen gejagt, bis sie im Jahre 1681 ausstarb. Als Folge verschwand der Calvarienbaum, der auf die Vögel angewiesen war. Der Baum konnte sich nur vermehren, wenn seine Früchte vom Dodo gefressen und die Schalen der Samen im Verdauungstrakt des Dodo anverdaut und dünner wurden. Insekten und andere Vögel, denen der Calvarienbaum eine ökologische Nische oder Nahrung bot, mußten ebenfalls aussterben.

Der Fächereffekt

Schlimmer wirkt der Fächereffekt, wenn – so Wehnert – »durch unsere vielfältigen Aktivitäten viele verschiedene Arten gleichzeitig verdrängt werden.« Als Beispiel schildert er, wie auf der Pazifikinsel Marion Island Katzen angesiedelt wurden. Sie sollten die sich rasch vermehrenden Ratten auffressen, die von Schiffen eingeschleppt worden waren. Die Katzen vermehrten sich rasend schnell, fraßen aber neben den Ratten auch die Vögel der Insel. Albatros, Seeadler und Tölpel starben auf der Insel aus, während sich Katzen und Ratten vermehrten. Welche Folgen das Aussterben der Vögel hat, ist nicht überschaubar.

Die Endlosspirale

Die Folgen eines Eingriffes können so nachhaltig sein, daß weder ein Ende noch die weiter Richtung der Veränderungen erkannt werden können. Dadurch wird der Mensch gezwungen, nach einem einmal erfolgten Eingriff immer wieder regulierend einzugreifen, um die schlimmsten Folgen zu beheben. Beispiel dafür ist das Insektengift DDT. Zunächst vernichtete es, wie gewünscht, Pflanzen-

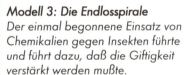

Modell 1: Die Kausalkette
Die Bejagung und Ausrottung des Dodovogels hatte das Aussterben des Calvarienbaumes zur Folge. Welche Auswirkungen sein Verschwinden hat, ist nicht genau abzuschätzen.

Modell 3: Die Endlosspirale
Der einmal begonnene Einsatz von Chemikalien gegen Insekten führte und führt dazu, daß die Giftigkeit verstärkt werden mußte.

**Modell 2:
Der Fächereffekt**
Der Eingriff in eine von der Natur im Gleichgewicht gehaltene Tierwelt durch das ungeplante oder geplante Einschleppen fremder Tiere kann zu sehr weitreichenden, unüberschaubaren Folgen führen.

schädlinge und Krankheitsüberträger wie etwa die Malariamücke. Schon nach kurzer Zeit aber wurden die Insekten widerstandsfähig, resistent, gegen das Gift. Sie verbreiten sich stärker als zuvor, da ihre natürlichen Feinde durch das DDT ausgerottet worden waren. Neue Gifte – womöglich mit den gleichen Folgen – müssen entwickelt werden, um etwa die Verbreitung der Malaria oder der Schlafkrankheit einzudämmen. In der Landwirtschaft konnten zudem andere DDT-unempfindliche Schädlinge die freigewordene Nahrungsnische nutzen und sich zu bislang unbekannten Plagen auswachsen. Ihre Bekämpfung wiederum bleibt nicht ohne Wirkung auf andere Tiere. – So führt jeder folgende Eingriff zu einer Reihe von Veränderungen. Der Natur wird es – anders als bei Kausalkette und Fächereffekt – unmöglich, unter neuen Bedingungen ein neues, stabiles Ökosystem zu entwickeln.

Ökosystem

Das Zusammenleben verschiedener Tiere und Pflanzen bildet zusammen mit der unbelebten Umgebung ein Ökosystem – einen Raum, in dem zum Beispiel über Nahrungsketten ein Lebewesen vom anderen abhängt. Wird die eingespielte Ordnung eines bestehenden Ökosystems durch Naturkatastrophen oder Eingriffe des Menschen gestört, kann das zur Vernichtung des gesamten Systems führen.

Global 2000

Im Jahre 1981 erschien in den USA eine regierungsamtliche Umweltstudie, deren Titel um die Welt ging: »Global 2000 – der Bericht an den Präsidenten«. Die Voraussagen, die das US-Außenministerium und der US-amerikanische Umweltrat darin errechneten, erregten Aufsehen. Sie kamen zu dem Schluß, daß »für die Zeit bis zum Jahre 2000 ein Potential globaler Probleme von alarmierendem Ausmaß« zu erwarten ist. Diese Aussage begründeten sie auch mit den Entwicklungen in den Bereichen Ernährung, Wasser, Klima und Umwelt. Hier empfahl die Studie dringend ein Umdenken, »wenn Umweltzerstörung vermieden werden soll«. Wegen ihrer Brisanz wurde diese Studie erst einmal unter Verschluß gehalten. Zu den empfohlenen Änderungen der Wirtschaftspolitik ist es bis heute nicht gekommen. Weitere Untersuchungen und Prognosen stellen inzwischen das Eintreffen vieler, der für die Umwelt verheerenden Voraussagen der Global 2000-Studie fest.

Eintönige Böden sind kein Lebensraum für Insekten

Weltweit, so haben die Lepidopterologen (Schmetterlingsforscher) herausgefunden, stellen die Schmetterlinge mit 150 000 Arten nach den Käfern die zweitgrößte Tierart. Wie aus Bernsteinfunden aus dem Alttertiär hervorgeht, lebten bereits vor ca. 70 Mio. Jahren Schmetterlinge auf der Erde. Die Schönheit dieser Tiere hat schon in Vorzeiten die Menschen fasziniert. Das läßt sich zum Beispiel an alten Wandmalereien nachweisen.

Heute fallen Schmetterlingsraupen und -puppen sowie die Falter selbst in unseren Breitengraden, wie viele andere Insekten, der intensiven Landwirtschaft zum Opfer. Die landwirtschaftlich genutzten Flächen werden mit Stickstoff, Kalium und Phosphor gedüngt, damit die Erträge pro Hektar Anbaufläche ansteigen. Diese Anreicherung der Böden mit Nährstoffen heißt – aus dem Griechischen kommend –

*Die Nachtpfauenaugen kommen auf allen Kontinenten vor. Bei uns leben das Große und - noch häufiger – das **Kleine Nachtpfauenauge** (unten). Seine Raupe (oben) lebt wie viele andere Raupen an Pflanzen, die bei uns als »Unkraut« verschrien sind: Brennesseln, Sauerampfer oder Disteln.*

*Der **Apollofalter** (links) und der **Schwalbenschwanz** (unten) sind zwei der insgesamt 2 400 bei uns lebenden Schmetterlinge. Über 40% dieser Arten sind akut in ihrem Bestand gefährdet.*

Pestizide

Pestizide werden alle chemischen Schädlingsbekämpfungsmittel gegen tierische und pflanzliche Organismen genannt. »Pest« ist das lateinische Wort für Seuche oder Unglück. Darunter fallen die Insektenbekämpfungsmittel (Insektizide), Pilzbekämpfungsmittel (Fungizide) und die Unkrautvernichtungsmittel (Herbizide).

»Eutrophierung«. Heute werden fast zehnmal so viele Düngemittel eingesetzt wie im Jahr 1950. Die landwirtschaftlich genutzten Böden werden auf diese Weise quasi gleichartig gemacht.

Ziel der Landwirte: Große Anbauflächen schaffen
Der natürliche Bewuchs wie Hecken oder Bäume wird vernichtet – und mit ihm die Lebensgrundlage zahlreicher Tierarten. Das Ziel der intensiven Landwirtschaft nämlich ist es, großräumige Anbauflächen ohne störenden Bewuchs zu schaffen. Ebenso rigoros wird in der intensiven Landwirtschaft die »chemische Keule« eingesetzt. Schädlingsbekämpfungsmittel sind eine Hauptursache für das Aussterben von Insekten wie den Schmetterlingen. Diese Pestizide töten Raupen, Puppen und die Schmetterlinge selber. 38 % der Großschmetterlinge sind heute vom Aussterben bedroht – von den insgesamt 1300 einheimischen Schmetterlingsarten stehen rund 500 auf der Roten Liste der vom Aussterben bedrohten Tierarten. Diese wichtigen Blütenbestäuber finden immer weniger Futter, denn pflegeleichter Tannenbewuchs, fehlende Gartenstauden oder Blütengehölze bieten ihnen keine Nahrung.

Verfolgt durch Schmetterlingsliebhaber
Während viele Schmetterlingsarten für immer aus der Natur verschwinden, finden wir sie zahlreich als Sammlerstücke bei sogenannten Schmetterlingsliebhabern. Die schönen Tiere mit den faszinierenden Zeichnungen auf ihren Flügeln werden vielfach gejagt, um kunsthandwerklich verarbeitet zu werden. Exemplare aus kleineren Populationen mit außergewöhnlichen Zeichnungen sind unter den Schmetterlingssammlern begehrte Objekte. Sie werden in Plastik gegossen, in keimfreien Glasbehältern präsentiert oder zu Schmetterlingsbildern verarbeitet.

Sammler
Jahr für Jahr fallen in den Tropen zahlreiche Schmetterlingsarten der Sammlerwut zum Opfer. Selbst vor dem Kauf von Arten, die nach dem Washingtoner Artenschutzabkommen geschützt sind, schrecken die Sammler nicht zurück. Die arme Bevölkerung der tropischen Länder läßt sich das lukrative Geschäft nicht entgehen.

Der **Admiral** gehört zu den schönsten mitteleuropäischen Tagfaltern. Im Herbst fliegen die Tiere über die Alpen südwärts und kehren im Frühling zurück.

Blütenbestäubung

Schmetterlinge sind neben den Bienen und den Hummeln die wichtigsten Blütenbestäuber. Die Pflanzen, die von diesen Insekten besucht werden, haben meist zur Anlockung eine auffällige Farbe oder Form. Die Schmetterlinge »riechen« mit ihren empfindlichen Fühlern und »schmecken« mit den Füßen ihre Pollennahrung. Der Pollen ist klebrig und bleibt so besser an den Füßen hängen. Besucht der Schmetterling später eine andere Pflanze, so wird der Pollen übertragen.

Bedroht als Gruppen und Einzeltiere: die Immen

Stechimmen ist der Oberbegriff für Wespen, Hummeln, Hornissen und Bienen. Von ihnen gibt es insgesamt rund 1100 einheimische Arten, von denen jede zweite gefährdet ist. In Deutschland leben allein rund 570 Wildbienenarten, die – anders als die Honigbienen der Imker und die Hummeln – nicht in Gruppen, sondern als Einzeltiere leben. Von den 36 bei uns vorkommenden Hummelarten sind in vielen Gegenden schon etwa die Hälfte der Arten ausgestorben. Alle Bienen und Hummelarten sind gefährdet oder gar vom Aussterben bedroht. Hummeln und Bienen werden häufig Opfer der intensiven Sprühaktionen von Obstbauern.

Fortpflanzung durch Biene und Hummel
Nur durch die Bestäubung aber können sich die meisten Pflanzen fortpflanzen. Von der Existenz der Bienen und Hummeln hängt nicht nur die Verbreitung von Wiesenblumen (Wildpflanzen), sondern vielerorts auch der Erfolg von Beeren- und Obsternten (Kulturpflanzen) ab. Der Gifteinsatz gegen Insekten schlägt also direkt auf die Ernteerfolge der Obstbauern zurück. Die Bestände der Bienen und der Hummeln und damit die Bestäubungsaktivitäten gehen trotzdem stark zurück. An vielen Orten sind Bienen und Hummeln vollständig verschwunden.

Ein weiterer Grund für ihr Verschwinden ist das Fehlen geeigneter Nistplätze. Bienen sind auf Wald- und Wiesenlandschaften angewiesen, sie brauchen Wiesen, Kies- oder Sandgruben, Gärten und Parks.

Hummeln etwa nisten in Baumhöhlen, unter trockenem Laub, Moos oder Gras, aber auch in Mauselöchern. Die Hummeln leben wie Honigbienen in spezialisierten Gemeinschaften mit genauer Arbeitsteilung. Im Frühjahr gründen einzelne Hummelweibchen, die schon im Herbst

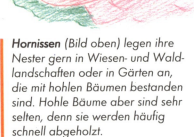

Hornissen (Bild oben) legen ihre Nester gern in Wiesen- und Waldlandschaften oder in Gärten an, die mit hohlen Bäumen bestanden sind. Hohle Bäume aber sind sehr selten, denn sie werden häufig schnell abgeholzt.

Wespen – wie die bei uns häufige Gemeine oder Deutsche Wespe (Bild oben) – füttern ihre Larven mit erbeuteten Insekten. Sie machen sich also nützlich als biologische Schädlingsbekämpferinnen. Ihre Nester bauen die Deutschen Wespen meist unterirdisch. Dort lebt jeweils ein ganzer Staat. Jeder Staat wird im Frühjahr von einem Weibchen gegründet, das überwintert hat.

In **Monokulturen** (Bild links) besteht immer die Gefahr einer Übervermehrung bestimmter Tierarten. Darauf reagiert der Mensch mit Vernichtung durch Einsatz chemischer Mittel oder ähnlichem. Die Natur verhindert die Übervermehrung. Jede Art kontrolliert mehrere andere Arten. Das Ergebnis ist eine relativ gleichbleibende, stabile Lebensgemeinschaft.

befruchtet wurden, ein neues Hummelvolk. Fällt nur ein einziges solches Weibchen beispielsweise dem zunehmenden Autoverkehr zum Opfer – und das geschieht häufig – dann ist ein ganzes Hummelvolk mit einem einzelnen Tier ausgerottet.

Angriff nur bei Gefahr

Zu den bei uns unter Naturschutz stehenden Stechimmen gehören auch die Hornissen und die Wespen. Zwölf Wespenarten sind bereits ausgestorben oder vom Aussterben bedroht. Auch sie sind gegen Sprühaktionen mit chemischen Mitteln nicht gefeit. Ihre Lebensräume wie Wälder und Wiesen, Hecken, Felder und Gärten – und bei den Hornissen zusätzlich hohle Bäume und durch Verbauung auch Scheunen, Schuppen und Dachspeicher – gehen zusehends verloren. Zudem werden diese Tiere von den Menschen wegen ihrer schmerzhaften und bei Allergikerinnen und Allegikern möglicherweise tödlich wirkenden Stiche nicht geduldet. Hornissen und Wespen aber stechen nur, wenn sie selber angegriffen werden. Ihre Nester werden zerstört – obwohl Hornissen und Wespen als eifrige Insektenjägerinnen sehr nützlich sind.

> **Mager- und Riedwiesen werden »melioriert«**
>
> »Bodenverbesserung« ist das deutsche Wort für Melioration. Diese Maßnahmen zur Verbesserung umfassen die Be- und Entwässerung, die Eindeichung, die Fluß- und Bachregulierung, die Urbarmachung von Wald-, Heide- und Moorgebieten. Verbessert werden so jedoch nur die Möglichkeiten, reiche Ernte einzufahren.
> Für die Tierwelt, die auf verschiedenartige Böden mit unterschiedlichem Bewuchs angewiesen ist, handelt es sich bei solchen Maßnahmen um eine Verschlechterung.

Fast die Hälfte aller 36 bei uns lebenden Hummelarten ist in einigen Gegenden nicht mehr zu finden. **Hummeln** *leben häufig unter Steinen, Gras- oder Laubhaufen, sie beziehen verlassene Mäuselöcher oder wohnen unterirdisch in Bodenlöchern. Das kann ihnen bei der Ordnungswut vieler Gartenbesitzer schnell zum Verhängnis werden – wenn beispielsweise der Rechen diese Wohnungen zerstört oder der Garten umgegraben wird.*

Insekten – ausgestorben schon vor ihrer Entdeckung

Die Käfer bilden die größte Tiergruppe der Welt. 300 000 Arten dieser Kerbtiere sind bisher bekannt, und immer wieder werden neue entdeckt: Doch viele von ihnen werden erst gefunden, wenn sie vom Aussterben bedroht oder bereits ausgestorben sind. Weltweit ist jede zweite bekannte Käferart bedroht.

Eine Gruppe mit rund 25 000 bekannten Arten bilden die Bockkäfer. Ihre Familie umfaßt den in den Alpen lebenden Alpenbock ebenso wie den südamerikanischen Titanus giganteus, den mit 15 cm Körperlänge größten Käfer der Welt.

Bockkäfer sind zu Unrecht als Schädlinge verrufen – bis auf Ausnahmen. So fraß sich zum Beispiel der Hausbockkäfer früher häufig durch Dachstühle. Die heute im Hausbau eingesetzten Holzschutzmittel tun das ihre, diese Schäden einzugrenzen.

Tatsache ist: Bockkäfer sind Holzbewohner, ihr bevorzugter Lebensraum ist der Wald. Bockkäfer sind auf morsches Holz, auf absterbende oder tote Bäume angewiesen. Ihren jahrelang im Holz lebenden Larven dient das Holz als entscheidende Nahrungsgrundlage. In den ursprünglichen Wäldern, die auch Mitteleuropa noch vor rund 5000 Jahren als fast lückenlose Waldlandschaft bedeckten, konnten sich deshalb Tierarten wie der Bockkäfer entwickeln.

Industriewälder statt totem Holz

In den heutigen Industriewäldern kommen morsche oder gar tote Bäume kaum vor. Die modernen Wirtschaftswälder sind forstwirtschaftlich darauf ausgerichtet, genügend Holz zu liefern. Seit der Industrialisierung gilt: Der billige Rohstoff Holz soll schnell nachwachsen. Der Wald soll ausreichend Holz liefern als Brennstoff, für die Industrie, für Möbel, für den Bau und den Eisenbahnbau. Deshalb wurden und werden vorwiegend Bäume angepflanzt, die in kurzer Zeit viel Holz liefern. Die ursprünglich artenreichen

*Nicht nur die **Roten Waldameisen** stehen unter besonderem Schutz – auch ihre Bauten, die Ameisenburgen, unterliegen dem Naturschutz. Die Burgen der Waldameisen werden von den Forst- und Naturschutzbehörden eingezäunt. So sind sie vor Zerstörung sicher.*

*Der **Alpenbock** ist ein farbenfroher Vertreter der Bockkäfer.*

Nichtidentifizierte Insekten im Regenwald – Opfer der Rodung

Der rasanten Abholzung des Regenwaldes fallen Tag für Tag artenreiche Lebensräume der verschiedensten Tiere zum Opfer. Unzählige Insektenarten, die nur in Teilen der Regenwälder vorkommen, werden – wenn überhaupt – erst nach der Abholzung gefunden. Doch dann ist ihr Aussterben bereits besiegelt.

Die monokulturellen Fichtenwälder liefern neben dem Nutzholz auch Fichtenharz, aus dem Firnis und zum Einstreichen von Bögen für Streichinstrumente das Kolophonium hergestellt wird. Aus dem ätherischen Öl der Fichtennadeln werden Badezusätze und Duftstoffe für Seifen gewonnen.

Wälder wurden nach und nach abgeholzt und später durch sogenannte Monokulturen ersetzt. In ihnen wird nur eine Baumart wie Fichte oder Kiefer angepflanzt. In Finnland beispielsweise sind 90 % der Wälder reine »Produktionswälder«. Solche monokulturellen Wälder sind anfällig gegen Parasitenbefall, gegen Sturm oder Schneebruch. Vor allem aber: Vielen Tierarten bieten diese Wälder keinen Lebensraum mehr.

Staatenbildung schwergemacht

Zu den von dieser Entwicklung besonders stark betroffenen Insektenarten gehören auch die Ameisen. Diese staatenbildenden Tiere erfüllen nicht nur im Wald eine wichtige Funktion: Sie lockern und durchmischen Böden und reichern sie so mit organischer Substanz an. Als Insekten-, Käfer-, Würmer- und Aasfresser sind sie außerdem gute Schädlingsvernichter.

Die Waldameisen legen ihre Nester unterirdisch an. Die oberirdischen Ameisenhaufen dienen der Wärme,- Klima- und Luftregulierung. In monokulturellen Wäldern, besonders in Fichtenwäldern, können Waldameisen nicht überleben. So brauchen die besonders geschützten Roten Waldameisen artenreiche Tier- und Pflanzenwelten, ältere Baumbestände, an deren Wurzelstöcken sie nisten können, und durch verschiedenartigen Baumbestand unterschiedliche Lichtverhältnisse.

Das Verdrängen, Aussterben und Fehlen von Insekten wie Käfern und Ameisen wirkt sich auch auf andere Waldbewohner aus. Ihr Fehlen durchbricht die Nahrungskette des Waldes, so sind sie Nahrung vieler Waldvögel und ihres Nachwuchses.

Waldsterben als Zustand

Der Wald stirbt – und während die bundesdeutsche Regierung vor einigen Jahren dieser Entwicklung noch Rechnung trug, indem sie jährlich einen Waldschadensbericht herausgab, verharmlost sie heute das Waldsterben. Der Bericht wurde von Waldschadens- in den neutral klingenden Waldzustandsbericht umbenannt. Dieser Bericht sprach 1992 von 27% Bäumen mit deutlichen Schäden, 41% mit schwachen Schäden und 32% ohne erkennbare Schäden. In den Wäldern der neuen Bundesländer ist jeder dritte Baum deutlich geschädigt und nur jeder vierte Baum gesund.

Der *Hirschkäfer* ist äußerst selten geworden. Er lagert seine Eier in den – in unseren Wäldern ebenfalls sehr seltenen – verrottenden Stümpfen oder Stämmen von Eichen ab. Dort entwickelt sich die Larve über fünf bis acht Jahre. Die Puppe lebt einige Monate im Boden. Der fertige Hirschkäfer lebt nur wenige Monate.

Müllkippe Meer – Artenreichtum unter Wasser gefährdet

Die Erdoberfläche ist zu zwei Dritteln von Meeren bedeckt – einem Lebensraum, der einen ungeheuren Artenreichtum aufweist. Die kleinste Art des Lebens im Meer ist das Plankton. Es besteht aus mikroskopisch kleinem Leben, das im Wasser schwebt und sich kaum selber fortbewegt. In tropischen Gewässern fehlt das Plankton fast ganz. Typisch für diese Regionen sind dafür die Korallenriffe, in denen die Kleinstlebewesen leben.

Diese Kleinstlebewesen stehen am Beginn einer Nahrungskette, an deren Ende beispielsweise Robben, Seevögel und nicht selten die Menschen stehen. Doch die Menschheit vernichtet diese Kette – vergiftet alle Glieder der Kette – indem sie die Meere als Müllkippe für ihren Unrat und verschiedenste Chemikalien nutzt. Plastik, verrostende Metalle, Arzneimittel, Säuren, Laugen oder ungereinigte Abwässer wurden und werden eingeleitet.

Jährlich gelangen nach Schätzungen des US-amerikanischen National Research Council rund 3,2 Mio. t Öl in die Weltmeere. Während des Golfkrieges Anfang 1991 wurden die **Ölquellen** der Kuwaitis in Brand gesteckt. 0,4 Mio. t Öl flossen in den Persischen Golf.

Vergiftete Konsumenten erster Ordnung

Diese Gifte lagern sich an mikroskopisch kleinen Pflanzen, dem Phytoplankton ab. Diese Pflanzen sind für die Sauerstoffversorgung des Meeres ebenso wichtig wie die Landpflanzen. Zudem sind sie Nahrung kleinster Meerlebewesen, des Zooplanktons. Diese Lebewesen dienen als Nahrungsgrundlage für die sogenannten Konsumenten der ersten Ordnung, Tiere, die am Beginn der Nahrungskette stehen. Zu diesen gehören die wirbellosen Muscheln, die von anderen Meerestieren gefressen – oder auch direkt von Menschen konsumiert – werden. In den 50er Jahren starben 40 Japaner und Japanerinnen nach dem Genuß von Muscheln an Quecksilbervergiftung. Über 2000 Menschen wurden geistig und körperlich schwer geschädigt. Das

Fässer mit Gift- oder **radioaktiven Abfällen**, die im Meer versenkt werden, verrosten auf die Dauer. Dann können die gefährlichen Stoffe auslaufen oder austreten. Das Versenken solcher Fässer ist also eine von den Menschen sehr kurzfristig gedachte Lösungsmöglichkeit, ihre Gifte zu »entsorgen«. Industriemüll aber soll ab 1995 nicht mehr versenkt werden. Das beschlossen 1990 rund 60 Unterzeichnerstaaten der sogenannten Londoner Dumping Konvention.

macht deutlich, wie hoch die Konzentration von Giften schon beim Konsumenten der ersten Ordnung, der Muschel, sein kann. In einigen Regionen der Erde sind bis zu vier Fünftel der Muschelbänke in den vergangenen Jahrhunderten durch städtische, industrielle und landwirtschaftliche Verschmutzung zerstört worden. Überleben die Muscheln, lagern sich die in ihnen gespeicherten Gifte im Fettgewebe ihrer Jäger an. In einer längeren Nahrungskette wird dieses Gift immer stärker konzentriert. In der Nahrungskette des Meeres sind kleine Fische die Konsumenten zweiter Ordnung, größere Fische die Konsumenten dritter Ordnung und schließlich Seevögel oder Robben die Endverbraucher.

Austern – beliebt bei Mensch und Fisch

Ein anderer Grund für den starken Rückgang solcher Muscheln wie Austern, Venus- oder Kammuscheln ist die starke Abfischung. Sie landen nicht nur bei den Menschen als Delikatesse auf den Tischen, sie wurden auch jahrhundertelang als Köder in der Fischerei genutzt. Welche Ausmaße die Zerstörung der Muschelbänke hat, zeigt das folgende Beispiel: Früher lebten in der nordamerikanischen Chesapeake-Bucht so viele Amerikanische Austern, daß das Wasser der Bucht alle drei Tage einmal vollständig von ihnen gefiltert wurde. In den vergangenen 120 Jahren ist ihr Bestand auf einen Prozent des damaligen Standes gefallen. Jetzt brauchen die Austern rund ein Jahr, um das Wasser der Bucht zu filtern. Dadurch verschlammt das Wasser und wird sauerstoffärmer.

Die sorglose Art, Müll loszuwerden

Die Verklappung ist eine Art der Müllentsorgung. Mit Spezialschiffen werden Stoffe auf das offene Meer transportiert. Dort öffnen diese Schiffe ihre Klappen oder die Ventile der Transportbehälter und leiten so die Stoffe ins Meer. Häufig werden Klärschlamme verklappt, die in den Kläranlagen als unverwertbare Stoffe zurückbleiben, und sogenannte Dünnsäuren. Diese stark verschmutzten Abfallsäuren haben eine geringe Konzentration.

*Die **Korallenriffe** der tropischen Meere sind aus den Kalkskeletten der Korallentiere aufgebaut. Diese Tiere können nur in sauberem, mindestens 21°C warmem Wasser leben. Das Einleiten von Abwässern vertreibt also nicht nur die Baukünstler – es hat letztendlich zur Folge, daß viele Meerestiere, die in und von den Riffen leben, ihren Lebensraum verlieren.*

FISCHE

Die Meere werden leergefischt

Weltweit sind die Bestände an Salzwasserfischen gefährdet. Die Meere werden leergefischt – überfischt. Gewöhnliche Fischarten wie Hering, Lachs, Kabeljau, Tinten-, Thun- oder Schellfisch sind akut vom Aussterben bedroht. Internationale Absprachen regeln die Fangquoten, die jedem Land zustehen. Doch diese Quoten sind nach Aussage der Fischereikommission der Welternährungs-Organisation FAO (Food and Agriculture Organisation) viel zu hoch angesetzt.

Für die Bevölkerung in den ärmeren Ländern der Welt ist der eiweißhaltige Fisch eine oft lebenswichtige Nahrungsquelle. Doch ihre Fangflotten fischen nicht für die eigene Bevölkerung, sondern für die reichen Industrienationen. Die Nachfrage nach Speisefisch steigt gerade in diesen Ländern ständig. So werden beispielsweise nach Angaben der FAO weltweit jährlich 650 Mio. Tonnen Haifische angelandet. In den USA stieg der Konsum innerhalb von zehn Jahren (1980 bis 1989) um das Fünfzigfache an. Haie aber sind die Gesundheitspolizei der Meere. Sie fressen kranke und verletzte Tiere. Ihre Ausrottung hätte unabsehbare Folgen. Hierzulande wird der selten gewordene Nordsee-Dornhai unter Begriffen wie Schillerlocke, Seestör oder Seeaal verkauft.

Mit riesigen Netzen wird abgefischt, was ins Netz geht – auch junge Meerestiere, die noch nicht die Geschlechtsreife erreicht haben. Ohne Fortpflanzung und ohne Nachwuchs aber sterben die Populationen aus.

Leben in der Müllhalde Meer

Die Verschmutzung der Weltmeere durch den Menschen bringt das natürliche Gleichgewicht so sehr durcheinander, daß eine Erholung des Lebensraumes Meer kaum möglich ist. Das Öl der Schiffe, die zunehmende Belastung durch eingeschwemmte Chemikalien und die Giftstoffe, die über die Zuflüsse einfließen, zählen zu den alltäglichen Belastungen. Zu den dadurch am stärksten bedrohten Meeren

Die Vernichtung der Heringe

Das Wissen um die Wanderwege großer Fischschwärme zeichnete früher gute Kapitäne aus. Die riesigen Heringsschwärme etwa erkannten sie am allabendlichen »Kochen« des Wassers. Die Heringsschwärme suchen sich in etwa 30 m Tiefe ihre Schlafstellung und lassen die Luft aus den Schwimmblasen ab. Seit Anfang der 60er Jahre sind die Fischer auf solche Beobachtungen nicht mehr angewiesen – Echolote machen den Stand der Schwärme aus.

*Der **Bonito-Thunfisch** ist die wirtschaftlich wichtigste Thunfischart. Die gestreiften, bis zu 1 m langen und bis zu 22 kg schweren Fische leben in den tropischen Meeren.*

SALZWASSERFISCHE

Zahlreiche Staaten unterhalten große Fischfangflotten. Die Schiffe sind häufig wochen- oder monatelang unterwegs, denn die Küstengewässer sind weitegehend abgefischt. Wegen der langen Touren sind die Schiffe ausgebaut wie Fabriken, so daß die **Fischverarbeitung** schon an Bord dieser schwimmenden Fabriken beginnt.

Lachse werden in Flüssen geboren, wandern später ins Meer und kehren als erwachsene Tiere in ihre Geburtsflüsse zum Laichen zurück (Bild unten). Dieses Fortpflanzungsverhalten wurde und wird ihnen aus zwei Gründen erschwert: Zum einen brauchen die Lachse selten gewordene saubere Flüsse zum Laichen, zum anderen werden sie häufig auf dem Weg in die Laichgewässer abgefangen, bevor sie sich fortpflanzen können.

der Welt gehört das Schwarze Meer. Die Abwässer, die über die Donau in das Meer geschwemmt werden, haben das Meer mit Düngemitteln, krankheitserregenden Mikroben und giftigen Chemikalien verschmutzt. Dagegen wird das Meer kaum durch Zuflüsse sauberen Wassers entlastet. Die Fischbestände sind fast ausgerottet.

Neben diesen Gefahrstoffen lagern weltweit zusätzlich auf Meeresböden in Beton- und Stahltonnen ungeheure Mengen radioaktiver Abfälle. Es ist nur eine Frage der Zeit, wann die Fässer lecken. In einzelnen Fällen ist das bereits passiert. Die Folge: Die Stoffe setzen sich auf dem umliegenden Gestein ab, werden von kleinsten Meeresorganismen wie etwa dem Plankton aufgenommen, und gelangen so in die Nahrungskette. Kleinere, planktonfressende Fischarten werden verseucht. Diese verstrahlten Fische dienen wiederum als Nahrung größeren Fischen – und diese landen möglicherweise als Speisefische bei den Menschen auf dem Teller. 1986/87 haben niederländische Wissenschaftler und Wissenschaftlerinnen herausgefunden, daß bis zu vierzig Prozent einiger in der Nordsee vorkommender Fischarten an Krebs erkrankt sind.

Die hemmungslose **Überfischung** hat immer wieder dazu geführt, daß bestimmte Arten so selten wurden, daß sich ihr Abfischen wirtschaftlich nicht mehr gelohnt hat. Deshalb wird dann den Fischbeständen eine Erholungspause gegönnt, in der die Populationen wieder entstehen oder wachsen können. Sehr deutlich sichtbar wird das bei den Nordseefischen Hering und Schellfisch (Grafik links).

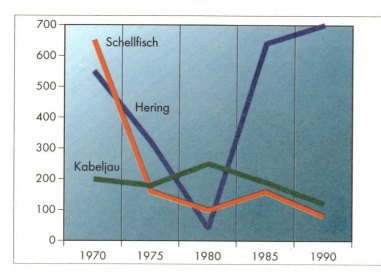

Süßwasserfische kennen keine Kläranlagen

Die Erdoberfläche ist zu rund zwei Dritteln mit Wasser bedeckt. Doch nur 2,5 Prozent davon ist Süßwasser – und davon wiederum ist ein Großteil in Polareis und Gletschern gefroren, ein anderer Teil unterirdisches Grundwasser. Gerade einmal 0,3 Prozent des Wassers auf der Welt ist das Süßwasser der Seen, Bäche und Flüsse. Süßwasser dient Menschen und Tieren als Trinkwasserreserve. Für die Menschen der reichen, industrialisierten Länder ist klar: Das Wasser ist so sehr verschmutzt, daß es vor dem Trinken geklärt werden muß. Eben diese Gewässer aber sind Lebensräume unzähliger Süßwasserfische wie der Lachse, Karpfenfische, Barben oder Barsche.

1986 schreckten die Menschen in Europa auf: An den Ufern des längsten europäischen Flusses, dem Rhein, landeten tausende tote Süßwasserfische an. Der Fluß war über eine Strecke von 200 km ohne jegliches Leben – das war das erschreckende Ergebnis eines Großbrandes in dem schweizerischen Chemiekonzern Sandoz.

Dieser Unfall machte deutlich sichtbar, daß die Einleitung von Chemikalien in Gewässer verheerende Folgen haben kann. Viele Flüsse und Seen sind nicht mehr in der Lage, sich selbst zu reparieren. Jedes Jahr werden etwa 1000 neue Chemikalien erfunden, die nicht in der Natur vorkommen – und für die es keine natürlichen Abbaumechanismen gibt. Chemikalien gelangen aus verschiedensten Quellen in Seen und Flüsse: da sind die Chemikalien aus Fabriken, die Abwasser der Haushalte, die beispielsweise mit Waschmitteln versetzt sind, da werden Düngemittel aus der Landwirtschaft in Bäche, Flüsse und Seen gespült. Da sickern aus Müllhalden gefährliche Stoffe in den Boden und gelangen in das Grundwasser. Schließlich gelangen die von Fabriken und Autoauspuffen in die Luft geblasenen Abgase über den Sauren Regen in die Gewässer.

*Natürlich bewachsene **Uferbereiche** der Gewässer sind für das Überleben zahlreicher Fischarten von Bedeutung. Nur dort, wo Pflanzen am Wasserrand wachsen, können viele von ihnen ablaichen. Doch unberührte Flußauen außerhalb des Gewässers geben auch anderen Tierarten einen wertvollen Lebensraum.*

*Die Umweltminister der Europäischen Gemeinschaft haben 1991 beschlossen, die Abwässer aus den Städten besser zu reinigen. Bis jetzt müssen größere Orte und Städte die **Abwässer in Kläranlagen**, durch die nur feste Stoffe ausgefiltert werden, mechanisch reinigen. Ab dem Jahr 2000 soll das Wasser biologisch gereinigt werden – das heißt: Die Abwässer werden mit Bakterien versetzt, die die Schadstoffe auffressen und umwandeln. Auch das Regenwasser ist heute nicht mehr unbelastet von Schadstoffen, die sich beim Abregnen aus der Luft an den Regentropfen anlagern. Derartig verschmutzter Regen heißt »Saurer Regen«. Von einem deutschen Ingenieur wurde eine Regenwasser-Kläranlage konstruiert, mit der aus Regenwasser Trinkwasser gewonnen werden kann.*

- Regenwasser wird gesammelt
- Regenwasser wird verbraucht
- Regenwassertank
- Abwasser wird vorgefiltert
- Regenwasserfilter
- Abwasser wird mit Sauerstoff angereichert
- Abwasser wird durch Binsen bis zur Badewasserqualität gereinigt

SÜSSWASSERFISCHE

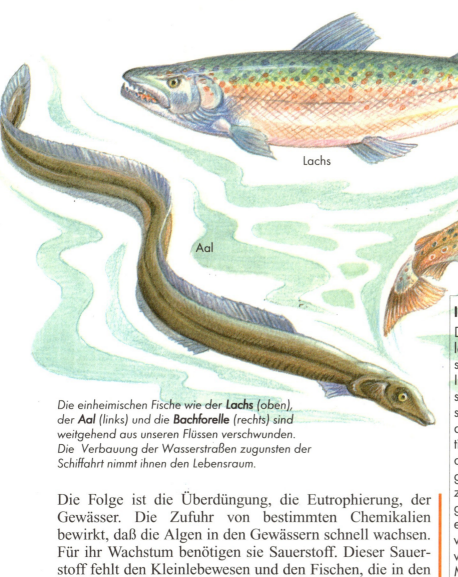

*Die einheimischen Fische wie der **Lachs** (oben), der **Aal** (links) und die **Bachforelle** (rechts) sind weitgehend aus unseren Flüssen verschwunden. Die Verbauung der Wasserstraßen zugunsten der Schiffahrt nimmt ihnen den Lebensraum.*

Die Folge ist die Überdüngung, die Eutrophierung, der Gewässer. Die Zufuhr von bestimmten Chemikalien bewirkt, daß die Algen in den Gewässern schnell wachsen. Für ihr Wachstum benötigen sie Sauerstoff. Dieser Sauerstoff fehlt den Kleinlebewesen und den Fischen, die in den eutrophierten Gewässern leben. Sie ersticken regelrecht. Außerdem beeinträchtigen die Veränderungen des Säuregehalts im Wasser das Leben der Süßwasserfische. Bei reinem Wasser liegt der Säuregehalt bei dem sogenannten ph-Wert von 7. Sinkt der ph-Wert unter 5,5 oder steigt er über 9,5 können besonders Jungfische nicht überleben.

Schiff- statt fischfreundlich

In Europa und in den USA sind fast alle Flüsse begradigt worden – ihre Flußbetten wurden nach dem Willen und den Bedürfnissen der anliegenden Fabriken umgestaltet. Ursprüngliche Schlingen, Mäander und Altarme von Flüssen verschwanden. Sie dienten als Seichtgewässer vielen Fischen als Laichgründe. Sie fielen der Flußbegradigung, Wehrbauten, der Energiegewinnung und Schiffahrt zum Opfer. Durch die Begradigung wurde die Wasserführung verändert, ebenso die Fließgeschwindigkeit – in geraden Flußbetten fließt das Wasser schneller – und damit der natürliche Wärmehaushalt. Weltweit werden zahlreiche Flußläufe durch Wehre und Dämme unterbrochen. Natürliche Hochwasser werden durch künstliche Eindeichung unterbunden.

Industrie als Hauptverursacher

Der Rhein (Bild unten) galt lange Zeit als der schmutzigste Fluß Europas. Zahlreiche Industriestandorte liegen an seinen Ufern, denn die Wasserstraße Rhein – über die die Industriegüter transportiert werden können – führt direkt in die Nordsee. Wegen der starken Verschmutzung wurde eine Rheinanliegerkonferenz einberufen, die ein Aktionsprogramm entwickelt hat. Ende der 80er wurde beschlossen, daß bis Mitte der 90er Jahre das Einleiten vieler chemischer Stoffe mindestens um die Hälfte vermindert wird. Außerdem werden viele Kläranlagen auf einen neueren Stand gebracht.

Der Froschregen versiegt

Seit etwa 150 Mio. Jahren bevölkern Amphibien die Erde. Zu ihnen gehören die Froschlurche. Zu Hunderten klangen früher in Frühlingsnächten überall die Rufe der Frösche und Kröten über das Land. Jedes Jahr erlebten die Menschen den »Froschregen«, wenn die Jungfrösche und -kröten nach einer Regennacht zu Tausenden ihre Geburtsgewässer verließen. Frösche und Kröten haben viele natürliche Feinde, zum ärgsten Feind aber haben sich die Menschen entwickelt. Aus Aberglauben oder aus Ekel vor der warzigen Krötenhaut wurden die Tiere häufig gequält und getötet.

Fastenspeise Froschschenkel

Die Schenkel der Frösche – etwa ein Dutzend pro Person – aßen die Menschen neben Fischen früher häufig in der Fastenzeit, in der Fleischgerichte verboten sind. Das hatte jedoch auf die Zahl der Frösche keinen entscheidenden Einfluß. Heute dagegen ist das Froschschenkel-Essen eine Unart von Feinschmeckern. Da alle Amphibien bei uns unter gesetzlichem Schutz stehen, werden die Tiere aus Ländern wie Indien eingeführt. Die Menschen, die dort Frösche fangen – meist Kinder – haben häufig keine andere Möglichkeit, Geld zu verdienen. Sie sind zur Plünderung der eigenen Umwelt gezwungen. Die Froschjagd in Indien etwa hat bewirkt, daß sich die Malariamücke massiv ausbreiten konnte und mehr Menschen als zuvor an Malaria starben. Allein im Jahr 1990 wurden von den Staaten der Europäischen Gemeinschaft 6202 t Froschschenkel importiert.

Die Laichgewässer verschwinden

In unseren Breitengraden verstummen die Frösche und Kröten seit 30 Jahren vielerorts. Elf der in Deutschland vorkommenden zwanzig Arten sind gefährdet und vom Aussterben bedroht. Den Froschlurchen wird der Lebensraum genommen. Froschlurche sind auf gesunde, saubere Gewässer angewiesen. Zwar verbringen nur wenige Arten wie der Wasserfrosch das ganze Leben in einem Teich oder Tümpel, doch alle Froschlurche brauchen Laichgewässer. Jedes Frühjahr laichen die Weibchen im Wasser ab. Doch mehr und mehr Teiche verschwinden oder werden durch Wohlstandsmüll und Düngechemikalien verschmutzt. Zahlreiche Gewässer werden für die

*Der Lebensraum des bis zu 7 cm langen südamerikanischen **Rotaugen-Laubfroschs**, Gewässerränder in tropischen Regenwäldern, geht immer stärker verloren.*

Wanderwege schützen!

Kröten legen auf ihrer Wanderung immer dieselbe Strecke zurück. Ihre Wanderzeiten und -dauer lassen sich genau berechnen. Deshalb sind Schutzmaßnahmen gut planbar. Bei tunnellosen Straßen weisen Verkehrsschilder auf die Wanderung hin, doch mangelt es vielen Autofahrern und -fahrerinnen an Rücksicht. Schutzzäune, die entlang der Straße aufgestellt werden, hindern die Kröten an der Straßenüberquerung. Hinter diesen Zäunen werden in gewissen Abständen Eimer eingegraben, in die die Kröten hineinfallen (Bild oben). Diese Eimer werden dann über die Straße getragen. Die Krötenwanderung wird bei der Straßenplanung erst allmählich berücksichtigt, indem Krötentunnel eingeplant werden.

landwirtschaftliche Nutzung trockengelegt – oder sie werden »menschengerecht« gestaltet. Seen und Teiche dienen den Menschen vielfach zur Naherholung. Das bedeutet für die Tiere, daß sie nicht ungestört laichen können.
Eine Ausweichmöglichkeit haben die Froschlurche in Kiesgruben. Nachdem der Kies ausgehoben ist, füllen sich diese Gruben mit Regen- und Grundwasser. Über lange Jahre entwickeln sich die Kiesgruben und ihre Uferregionen zu funktionierenden Biotopen. Doch auch hier greift der Mensch häufig wieder ein: die Gruben werden mit Wohlstandsmüll zugekippt.

Knoblauchkröte

Frösche als Giftfutter

Der Einsatz von Chemikalien in der Landwirtschaft, die chemische Düngung in der Umgebung von Teichen gefährdet die Froschlurche. Der Frosch ist sehr empfindlich – gewöhnt er sich aber an die Chemikalien, läuft er als reines Giftfutter für seine Jäger herum.

Millionenfacher Tod auf Straßen

Die dämmerungs- und nachtaktiven Kröten leben das Jahr über in Laub- und Mischwäldern, auf Feuchtwiesen, in Gärten oder Parkanlagen. Im Frühjahr, nachdem die Kröten aus der Winterstarre erwachen, gehen sie auf Wanderung. Jedes Jahr wandern die langsamen Tiere zu einem Laichgewässer. Ein Krötenweibchen laicht ihr bis zu 30 Jahre langes Leben immer im selben Gewässer. Dieser Instinkt wird alljährlich für Millionen Kröten zur Todesfalle, denn weltweit wird das Straßennetz dichter und dichter gespannt. Die Wanderwege der Kröten werden von Straßen durchschnitten.

Rotbauchunke

*Sämtliche bei uns lebenden Kröten- und Unkenarten sind geschützte Tierarten. Ihre Bestandsbeurteilung liegt zwischen gefährdet und vom Aussterben bedroht. Dazu gehören die **Rotbauchunke** (links), die **Knoblauchkröte** (rechts oben), die Kreuzkröte (rechts) und die **Geburtshelferkröte** (unten). Das gezeigte Geburtshelferkrötenweibchen laicht gerade ab.*

Kreuzkröte

Geburtshelferkröte

Feuchtgebiete werden trockengelegt

Feuchtgebiete bieten Lebensraum für Insekten, Vögel und für Schwanzlurche. Von diesen Lurchen – Salamandern, Olmen und Molchen – leben rund 225 Arten vorwiegend auf der nördlichen Erdhalbkugel. Zahlreiche Schwanzlurche kommen nur noch in einzelnen Regionen vor, sind besonders geschützt oder gefährdet.

Der Grund für ihr allmähliches Verschwinden ist unter anderem der Rückgang der Laichgewässer und der Feuchtgebiete. So wurden beispielsweise im ehemals moorreichen Bayerischen Voralpenland innerhalb von nur hundert Jahren vier Fünftel der Feuchtgebiete – der Hoch- und Niedermoore sowie der Feuchtflächen – trockengelegt.

Der Torfabbau, die Umwandlung zu intensiv landwirtschaftlich nutzbaren Flächen, zahlreiche Siedlungen und nicht zuletzt der Straßenbau waren Gründe für die Trockenlegung. Die Entwässerung der Böden erfolgt mit Hilfe von Dränagen. Das sind Abzugsgräben oder ineinandergefügte Tonröhren, die zu einem tiefer liegenden Abzugsgraben führen.

Trockene Haut ist gefährlich

Aus diesen entstandenen Trockengebieten verschwinden die Schwanzlurche, denn sie sind auf Feuchtigkeit angewiesen. Wie die Froschlurche haben auch sie eine drüsenreiche, schuppenlose Haut. Sie kann die Feuchtigkeit nicht selber halten. Deswegen meiden sie die Sonne, die ihre Haut austrocknen könnte. Die bei uns heimischen Feuer- und Alpen-

*Der **Kammolch** ist bei uns vom Aussterben bedroht. Er kommt nur noch sehr selten in seinem Lebensraum, in feuchten Wiesen, vor. Wie die meisten Molche lebt er nur zur Laichzeit im Frühling im Wasser.*

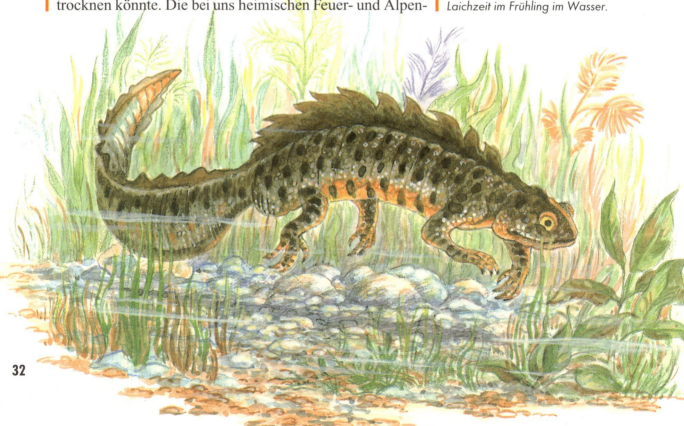

*Die Feuchtigkeit im **Regenwald** bietet zahlreichen Amphibien einen idealen Lebensraum. Mit der Abholzung dieser immerfeuchten Wälder aber geht auch der Artenreichtum der dort lebenden Amphibien verloren. Eine Uferzone allein reicht vielen Tieren nicht als Lebensgrundlage aus.*

Torfgewinnung

Das Trockenlegen von Mooren brachte schon in frühen Zeiten den Menschen einen wertvollen Rohstoff: Torf, der – gepreßt und an der Luft getrocknet – als sehr gutes Heizmaterial verwendet werden kann. Torf ist die Vorstufe von Kohle. Er besteht aus abgestorbenen Pflanzenteilen. Die Menschen haben den Torf früher mit der Hand »abgestochen«, heute geschieht das meist mit Maschinen.

salamander sind deswegen hauptsächlich in der Nacht aktiv. Nur nach einem Regenfall kommen sie auch tagsüber aus ihren Verstecken.

Molche brauchen zum Leben und zur Aufzucht ihres Nachwuchses pflanzenreiche Feuchtbiotope, also die Uferregionen von Bächen oder Feuchtwiesen. Im Frühling, während der Fortpflanzungszeit, leben die Molche im Wasser. Die wasserpflanzenreichen, sonnigen Tümpel und Teiche, die in Überschwemmungsgebieten von Flüssen zu finden waren, verschwanden aber mit der Begradigung der Flußläufe und Kanalisierung. Damit gingen die Laichgewässer des größten einheimischen Molches, des Kammolches, und des Teichmolches zurück. Bergmolche und Fadenmolche brauchen waldnahe Bachschlingen oder Stautümpel.

Entstehung eines Moores

Moore sind wasserreiche Gebiete, die zahlreichen Tierarten einen einzigartigen Lebensraum bieten. Jedes Moor ist von bestimmten Pflanzenarten geprägt, deren Reste sich unter Luftabschluß zu Torf zersetzen. Durch die Verlandung eines Sees (Bild 1) entstehen die Flachmoore (Bild 2), die von Bruchwald überwachsen werden, so daß eine sogenannte Bruchlandschaft (Bild 3) wächst. Eine andere Form der Entstehung entwickelt sich beim Hochmoor. Es bildet sich in regenreichen Gebieten auf Böden, die wenig Nährstoffgehalt haben. Die unteren Schichten der dort ansässigen Pflanzen, die Torfmoose, die das Regenwasser aufnehmen, sterben ab. Nach oben und zu den Seiten hin aber wachsen sie weiter, so daß letztlich eine Wölbung des Moores entsteht (Bild 4). Ein Moor ist – von unten nach oben – aus folgenden Schichten aufgebaut: Faulschlamm, Schlamm, Flachmoor- und Bruchtorf- und beim Hochmoor der Hochmoortorf.

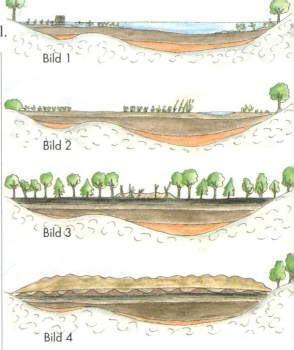

Bild 1
Bild 2
Bild 3
Bild 4

Den natürlichen Feinden zum Trotz – Schildkröten

Schildkröten gehören zu einer sehr alten Gruppe von Reptilien. Einige Arten haben – wie die Meeressäugetiere Delphine, Robben und Wale – ihren Evolutionsprozeß umgekehrt und sich in die See zurückgezogen: so auch die Meeresschildkröten. Wie die Landschildkröten müssen auch sie Luft atmen, und sie legen ihre Eier an Land. Die Schildkrötenmütter kriechen in der Nacht an Land, graben ihre bis zu einem Meter tiefen Nester in den Sand und legen etwa 100 Eier ab. Beim Rückzug ins Meer glätten sie den Sand. Viele dieser am Strand angelegten Nester wurden und werden Opfer natürlicher Feinde. Füchse graben die Nester auf und fressen die Eier. Auch Krabben und Raubvögel machen Jagd auf Eier und Jungschildkröten. Trotzdem hat die Zahl der Jungtiere über Jahrmillionen ausgereicht, um stabile Populationen zu erhalten. Erst die Zerstörung der Brutstrände durch die Menschen, durch den Tourismus hat das ökologische Gleichgewicht so sehr gestört, daß die Meeresschildkröten vom Aussterben bedroht sind.

Orientierungslos durch Kneipenbeleuchtung

Schildkrötenweibchen legen ihre Eier an dem Brutstrand, an dem sie selber viele Jahre zuvor geschlüpft sind. Sie finden den Strand, indem sie sich mit Hilfe eines inneren Kompasses an den Meereswellen und am Mondlicht orientieren. Die Eigenart, sich am Licht zu orientieren, erschwert den Meeresschildkröten heute das Wiederfinden ihrer Brutstrände. Viele Strände werden touristisch genutzt. Die Beleuchtung von Restaurants, Campingplätzen oder Hotels verändert die Lichtverhältnisse. Die Schildkrötenweibchen finden den Weg nicht und verlieren die Eier im Meer.

*Die unbewohnten Gebiete der Galapagosinseln – Lebensraum der **Galapagos-Riesenschildkröte** (Bild oben) – wurden sämtlich 1959 von Ecuador zu Nationalparks erklärt. Dieser Schritt und die Bemühungen der dort ansässigen Charles-Darwin-Station zum Erhalt der Art haben zu einer leichten Vermehrung der Tiere geführt.*

*Die im Meer lebende **Lederschildkröte** (Bild oben) ernährt sich hauptsächlich von Quallen. Der Unart vieler Menschen, ihren Müll unachtsam am Strand liegenzulassen, sind viele dieser Tiere zum Opfer gefallen. So haben sie ins Meer gespülte Plastiktüten mit Quallen verwechselt und sind elend an dem Plastik erstickt. Außerdem werden ihre Eier von Einheimischen geraubt. Diese Schildkrötenart ist vom Aussterben bedroht.*

***Karettschildkröten** (Bild unten) können 80 bis 100 Jahre alt werden. Ihr Fleisch schmeckt tranig, weil sie sich von Krebsen, Muscheln und Seesternen ernähren. Deshalb sind sie nicht von den Menschen verfolgt worden.*

*Ursprünglich kamen die bis zu 200 kg schweren **Suppenschildkröten** in allen tropischen Meeren vor. Da sie den zweifelhaften Ruf haben, eine Delikatesse zu sein, wurden jährlich bis zu 20 000 von ihnen abgeschlachtet. Heute sind sie nahezu ausgerottet – und es gibt wohl keine Chance, sie davor zu retten. Die letzten dieser Großschildkröten werden illegal auf Malaysia und den Phillipinen gejagt.*

Zweifelhafte Delikatesse Schildkröte

Die Eier der Schildkröten gelten in einigen Ländern als besonderer Leckerbissen oder gar als Mittel, die den Geschlechtstrieb anregen. Tausende Eier werden deshalb von Wilderern aus den Strandnestern ausgegraben und für gutes Geld verkauft. Doch nicht nur die Eier werden verspeist – auch die Tiere selber. Verschiedene Schildkrötenarten – von der im Meer lebenden Suppenschildkröte bis zur an Land lebenden Galapagos-Riesenschildkröte – waren und sind beliebte Delikatessen. Schon die Spanier segelten in früheren Zeiten zu den Galapagos-Inseln (Galapagos heißt Schildkröte), um dort Schildkröten für die heimischen Kochtöpfe einzufangen. Von den etwa 15 auf Galapagos lebenden Unterarten der Riesenschildkröte gelten vier als ausgestorben, die übrigen als gefährdet. Auch die im Meer lebende Suppenschildkröte, die von pflanzlicher Nahrung wie Seegras und Tang lebt, gilt als gefährdet. Zehntausende Männchen, Weibchen und Jungtiere wurden von den Fischern mit Netzen an den Brutplätzen gefangen und in die Kochtöpfe geliefert.

*Ein in aller Welt begehrter, in vielen Ländern aber inzwischen aus Artenschutzgründen verbotener Luxusartikel ist das **Schildpatt**. Daraus werden beispielsweise Brillengestelle, Musikinstrumente oder Schmuckstücke hergestellt. Mehr als 70 000 Seeschildkröten wurden allein in Mexiko bis 1990 jährlich geschlachtet, um jeweils ein bestimmtes kleines Stück Haut zu gewinnen. Diese Häute wurden nach Japan geschifft, um dort zu Schuhen und Handtaschen für die Schickeria verarbeitet zu werden. Trotz des Handelsverbotes mit diesem Material werden bei Zollkontrollen – wie hier auf einem deutschen Flughafen – immer wieder Gegenstände aus Schildpatt gefunden.*

SCHILDKRÖTEN

*Die **Gaviale** sind weltweite nur durch eine einzige Art vertreten: den bis zu 6 m langen Gangesgavial. Nur noch wenige Exemplare leben in dem indischen Fluß Ganges. Er unterscheidet sich von den Echten Krokodilen durch seine extrem lange Schnauze.*

Krokodile – lebende Fossilien als Zielscheiben

Krokodile gab es auf der Erde schon zur Jurazeit, als Dinosaurier das Tierleben bestimmten. Diese Reptilien gelten deshalb als lebende Fossilien. Zu ihrer Familie gehören neben den Echten Krokodilen die Alligatoren und die Gaviale. In großen Mengen lebten sie früher an Seen und Flüssen Afrikas, Amerikas und Asiens. Heute ist die Mehrzahl der bekannten rund 20 Arten vom Aussterben bedroht. Die Hauptursache hierfür ist ihre Überjagung. Krokodile galten den Reisenden in früheren Jahrhunderten als leicht jagbare Tiere – sie befriedigten die Lust der Reisenden am sinnlosen Töten. Ihre Eigenart, sich an Ufern oder auf Sandbänken dösend oder schlafend in die Sonne zu legen, wurde vielen von ihnen zum Verhängnis. So stellte der bekannte Zoologe Alfred Edmund Brehm schon Mitte des vergangenen Jahrhunderts auf einer Ägyptenreise fest, daß das Nilkrokodil dort vom Aussterben bedroht war.

Erfolgreiche Zuchtprogramme weltweit

Systematisch aber wurden die Tiere später wegen ihrer Haut gejagt. Sie diente als wertvoller Rohstoff für Luxuslederartikel. Unglaubliche Mengen dieser Tiere mußten ihr Leben lassen. Mitte dieses Jahrhunderts wurden allein aus Südamerika Jahr für Jahr bis zu fünf Mio. Häute des Mohrenkaimans, einer Alligatorenart, offiziell ausgeführt. Die Dunkelziffer dürfte noch weit darüber liegen. Die Tiere wurden des Geldes wegen ausgerottet.

So mußte auch das Nilkrokodil 1973 in die Liste der gefährdeten Tierarten (Anhang I) aufgenommen werden. Durch die Entwicklung von Brutstationen und Krokodilfarmen konnten einige Populationen von Anhang I auf Anhang II eingestuft werden. Schließlich konnten einige der so gezüchteten Tiere in die Freiheit entlassen werden. Andere werden für den Handel gezüchtet. Vielerorts ist die Art nicht mehr gefährdet.

Auch in Indien konnte eine früher weit verbreitete und später fast ausgerottete Art wiederangesiedelt werden: der Gavial. Er kommt in den indischen Flüssen Ganges und Brahmaputra vor und galt lange Zeit aus religiösen Gründen als unantastbar. Er stand unter dem Schutz des hinduistischen Gottes Vishnu. Schließlich aber wurde auch er

Brillenkaiman

Obwohl der Brillenkaiman in der Liste der gefährdeten Tierarten in Anhang II aufgelistet ist, wird mit dieser Alligatorenart nach wie vor massiver Handel betrieben. Dank CITES konnten viele südamerikanische Staaten den Schwarzhandel besser unter Kontrolle bringen. Venezuela beispielsweise hat Programme zum Umgang und Gebrauch mit diesen Tieren entwickelt.

Krokodil

Im Altertum wurden die Krokodile in Ägypten als »Götter des Flusses« verehrt. Jedes Jahr wurde ihnen ein Mädchen geopfert. Bis in unsere Tage reicht die Ehrfurcht vor den Tieren, die aus der puren Angst entstanden ist, von einem Krokodil gefressen zu werden. In einem pakistanischen See nahe der Stadt Karachi werden die dort lebenden Sumpfkrokodile wie Priester verehrt.

bejagt. Auch ein 1958 von der indischen Regierung erlassenes Verbot, mit Krokodilhäuten zu handeln, schonte ihn nicht. Deswegen wurden die Tiere Anfang der 70er Jahre unter den direkten Schutz des Staates gestellt, ein Zuchtprogramm wurde entwickelt. Heute leben wieder einige Tiere in den Flüssen Ganges und Brahmaputra. Der Handel mit Häuten ist in Indien wie überall nur erlaubt, solange die Häute von Zuchttieren stammen.

Leuchtende Augen in der Dunkelheit

Doch auch heute, da in den meisten Ländern Export- oder Importverbote für Krokodilleder von freilebenden Tieren bestehen, werden noch Tiere gejagt. Die Tiere werden nachts in den Sümpfen aufgestöbert und mit Scheinwerfern geblendet. Das macht sie unfähig zur Flucht. Die Augen der Tiere leuchten im Scheinwerferlicht auf, so daß sie leicht erkennbar sind.

Viele Krokodilarten kommen in ihren ursprünglichen Lebensräumen nicht mehr vor – einige sind in freier Wildbahn vollständig ausgestorben. Die wenigen verbleibenden Exemplare dieser gefährdeten Krokodil werden zunehmend zur Zucht in **Krokodilfarmen** *genutzt, um die Bestände zu sichern.*

Lebensraumschwund der Brückenechsen

Tuataras (Bild unten) sind die einzigen heute lebenden Vertreter der Schnabelköpfe – einem Tier, das in der Urzeit weit verbreitet war. Etwa 10 000 dieser Brückenechsen leben auf Inseln im neuseeländischen Raum. Ihre Bestände wurden vermutlich massiv durch Klimaverschiebungen und Veränderungen der Pflanzenwelt reduziert.

Alligatoren leben bis den China-Alligator auf dem amerikanischen Kontinent. Die bekannteste Art ist der **Mississippi-Alligator** *(Bild unten). Die bis zu 3 m langen Alligatoren wurden und werden wegen ihrer Häute stark verfolgt.*

REPTILIEN

Schlangen – Opfer zahlreicher Vorurteile

Die Schlangen mit ihren weltweit rund 2500 Arten sind Reptilien. Sie stammen von den vierbeinigen waranartigen Echsen ab. Schlangen gelten häufig als ekelig, gemein, gefährlich und böse. Die lautlose, schlängelnde Fortbewegung wirkt auf viele Menschen unheimlich und bedrohlich. Unterschiede in der wirklichen Gefährdung durch Schlangen werden selten gemacht.

Dabei besitzen nur 300 Schlangenarten Giftzähne, davon stoßen 150 Arten lebensgefährliche Gifte aus und lediglich drei dieser 150 Arten greifen an – darunter die größte Giftschlange: die Königskobra. Aus Angst und Unkenntnis wurden und werden zahlreiche Schlangen – egal, wie gefährlich oder ungefährlich sie sind – Opfer von Panikreaktionen und Ekel.

Lebensraum der Schlangen: warme Gebiete

Schlangen und Echsen sind wechselwarme Tiere. Sie können keine eigene Körperwärme erzeugen. Deswegen bevorzugen sie warme Gegenden, und sind in wärmeren Regionen der Erde – je nach Art in den Regenwaldgebieten oder in den trockenen Wüstenregionen – häufiger als in kälteren Gebieten anzutreffen. In diesen Gegenden aber verlieren sie zunehmend ihren Lebensraum.

In ihren Hauptverbreitungsgebieten Südamerika, Afrika und Asien werden die Regenwälder gerodet, die Wüstengebiete weiten sich aus. Immer mehr Landschaftstriche ver-

Der Leguan – das Hühnchen auf dem Baum

Die Grünen Leguane leben seit 7000 Jahren in Mittelamerika. Doch durch die Abholzung des Regenwaldes zur Schaffung von Ackerland für die armen Bauern, durch die Bodenerosion und die Jagd stehen die Tiere vor der Ausrottung. Doch die Armen sind auf die Tiere als Nahrung angewiesen. Sie liefern sehr eiweißhaltiges, leckeres, nach Geflügel schmeckendes Fleisch.

Der **Komodo-Waran** ist mit einer Länge bis zu 3 m die längste Echse der Welt. Der fleischfressende Waran kann Säugetiere von der Größe eines Schweins oder Hirsches erbeuten. Von den Einheimischen wurde das Tier wegen seines Fleisches bis an den Rand der Ausrottung gejagt.

öden. Die Böden sind – einmal gerodet und durch die intensiv betriebene Landwirtschaft ohne Nährstoffe – ohne Deckschicht.

Kein Überleben im Regenwald

Selbst die scheinbar fruchtbaren Böden des Regenwaldes, die erst durch den Kreislauf von abgestorbenen, verrottenden Blättern entstanden sind, verlieren ihren Nährstoffgehalt. Die im Regenwald lebenden Reptilien halten sich in Boden-, Busch- oder Baumhöhe auf. Die Temperatur schwankt nur wenig. Der Boden ist dunkel und feucht. Dieser Lebensraum der Reptilien geht durch die Rodung zur Ackerlandgewinnung für die Einheimischen und zur Edelholzgewinnung für die reichen Industrieländer verloren.

*Die giftige **Klapperschlange** trägt am Schwanzende Hornringe – sie sind Reste von Häutungen – mit denen sie bei Erregung laut rasseln kann. Viele Tiere fallen Panikreaktionen der Menschen zum Opfer.*

Die Ausweitung der Wüste

Auch die in der Wüste lebenden Reptilien, die sich tagsüber vor der Hitze im Boden verkriechen und erst in der Nacht aktiv werden können, verlieren ihren Lebensraum. Zum Beispiel der afrikanische Sahel – eine Wüstenregion im Norden des Kontinents: Dort herrschte in den Jahren 1969 bis 1973 eine verheerende Dürrekatastrophe.

Diese und spätere Dürreperioden führten dazu, daß die in der Wüste lebenden Säugetiere und andere Pflanzenfresser alle Bäume, Sträucher und Gräser – die bodenbindende Vegetation – weggefressen hatten.

Die darunterliegende dünne Humusschicht wurde verweht – und damit ging auch Lebensraum für Wüstenschlangen verloren. Der Verlust von Lebensräumen durch Naturkreisläufe, wie diesen, engen die Lebensräume der Schlangen und Reptilien immer stärker ein.

Schlangen und Echsen als Rohstofflieferantinnen

Doch nicht nur aus diesem Grund werden Schlangen – und neben den Schlangen auch zahlreiche Echsenarten – getötet: Ihre Haut ist ein Rohstoff, aus dem Taschen, Schuhe und andere Lederwaren hergestellt wurden und immer noch hergestellt werden. In Indien – einem Hauptlieferanten von Schlangenhäuten – wurde 1976 der Handel mit diesen Häuten verboten. Trotzdem blieb der Schwarzhandel.

*Die bis zu 1,75 m lange **Galapagos-Meerechse** lebt in den Küstengewässern der Galapagos-Inseln im Pazifik. Diese Leguanart, die einzige, die auch im Meer lebt, wechselt bei Änderung von Temperatur, Licht und bei Erregung die Farbe der Haut.*

Getötet und gerupft als Lieferanten von Kopfschmuck

Das erste europäische Gesetz zum Vogelschutz betraf die Seevögel. In London verabschiedete das Parlament 1869 den *Seabird Protection Act*, das Gesetz zum Schutz von Seevögeln. Mit diesem Eingriff sollte das hunderttausendfache Morden von Seemöwen gestoppt werden. Weltweit führte damals ein Modeboom – der mit Federn oder gar ganzen Vögeln geschmückte Damenhut – zur Bedrohung und Ausrottung verschiedenster Vogelarten. Millionen von Straußen, Reihern, Paradiesvögeln, Pelikanen und andere mit besonders schönen Federn ausgestatteten Vogelarten mußten ihr Leben lassen, um als Beiwerk von den Putzmachern und -macherinnen verarbeitet zu werden. Zu ihnen gehörten auch die Seemöwen, deren Verschwinden den britischen Bauern Probleme machte, da sie Schädlinge von den Feldern fressen.

Der Schwarze Karfreitag vor Alaska
1989, einhundertzwanzig Jahre nach dem ersten Seevogelschutzgesetz, wurde der Welt drastisch deutlich, welchen Gefahren die Seevögel heute ausgesetzt sind. Am Karfreitag lief vor der Küste Alaskas der Öltanker »Exxon Valdez« auf ein Riff, schlug leck und verlor 33 000 t Rohöl. Es bildete sich ein Ölteppich der dreimal so groß ist wie der Bodensee. Am Golf von Alaska leben viele seltene Seevogelarten. Unzähligen dieser Seevögeln verklebte das Öl die Federn, und sie starben. Ein veröltes Federkleid verurteilt die von einer Ölpest betroffenen Seevögel häufig zum Tod durch Ertrinken oder Erfrieren. Der Luftmantel zwischen den Federn geht verloren – und damit die Wärmeisolation und der Auftrieb.
Doch das Sterben geht weiter. Teile des Rohöls setzen sich am Meeresboden ab und werden dort von tierischem Plankton aufgenommen. Damit geraten die chemischen Stoffe in

*800 000 Seevögel, die nach Futter tauchen, verfangen sich in **Treibnetzen**. Dazu gehören: Tümmler, Albatrosse, Sturmtaucher, Lummen, Papageientaucher. Die Vögel stoßen wie ein Pfeil aus der Luft ins Wasser, um nach den Fischen zu tauchen. Dabei können sie die dünnen Netze nicht erkennen und verfangen sich darin.*

*Nach **Ölkatastrophen** gehen immer wieder Bilder – wie dieser von einer ölverklebten Krähenscharbe vor den Shetland-Inseln – um die Welt. Tausende von Vögeln verenden hilflos an den Stränden oder ertrinken flugunfähig im Wasser.*

*Die Bewohner der Küstengebiete wie der **Tölpel** (oben rechts), der **Pelikan** (rechts) und der **Albatros** (oben) sind auf die verschiedensten Arten durch die Eingriffe der Menschen in ihre Lebensräume bedroht.*

die Nahrungskette, an deren Ende häufig die Seevögel stehen. In ihren Körpern konzentrieren sich die Gifte. Bei verschiedenen Seevögeln wurde nachgewiesen, daß sie durch die Belastung durch die Chemikalien an Fortpflanzungsschwierigkeiten leiden. Der Kalkstoffwechsel wird gestört, die Eier werden dünnschaliger und zerbrechen leichter.

Endverbraucher als Giftschlucker
Ein besonders gefährliches Insektizid ist das DDT. Daher wurde sein Einsatz in Europa und anderen Industriestaaten verboten. Verwendet wird dieses Gift weiterhin in ärmeren Ländern der Welt. Oft wird das DDT dort nicht selbst hergestellt, sondern es wird von Firmen gekauft, in deren Ländern der Gebrauch von DDT verboten wurde. Damit nützt das Verbot weltweit wenig: DDT und andere Gifte aus der Gruppe chlorierter Kohlenwasserstoffe lagern sich im Körper ein. Sie werden von Organismen kaum abgebaut. Selbst bei einem völligen Verzicht auf DDT-Einsätze würde sich das Gift noch Jahrhunderte finden lassen, vor allem im Fettgewebe von Tieren und Menschen. Der langsame Abbau des Giftes sorgt für seine weite Verbreitung. Nachdem Regen es von gespritzten Feldern in die Flüsse und schließlich ins Meer gespült hat, verbreitet es sich über Plankton, Fische und Meeresvögel schnell in der gesamten Wasser-Nahrungskette. Auf dem Landweg geschieht die Verbreitung über Insekten und Vögel genauso schnell. Die größten Seevögel, die am Ende einer Nahrungskette stehen, bekommen von dem Gift am meisten ab.

Südpol-Vögel
Bis 35 % der Vogelkolonien am Südpol wurden wegen einer von Frankreich geplanten Landebahn schon aus ihren Brutgebieten vertrieben. Dazu gehören Skuas, Möwen und Seeschwalben.

Die **Papageientaucher** leben in Kolonien am Nordatlantik und in der Arktis. Anders als die meisten Vögel legen die Weibchen nur ein einziges Ei, so daß diese Vögel von Natur her keine hohe Geburtenraten aufweisen.

Menschengerecht, aber vogelfeindlich: Wasserläufe

Vier von fünf Süßwasservogelarten sind in unseren Breitengraden als gefährdet oder stark gefährdet eingestuft. Hier nur einige Beispiele: Haubentaucher, Schnatter-, Löffel-, Krick-, Kolben- und Moorente, Tüpfelsumpfhuhn oder auch der Grau- und Nachtreiher. Diese Vögel sind auf Gewässer, Sumpfgebiete und Röhrichte angewiesen – auf Lebensräume also, die immer seltener werden. Flüsse und Bäche werden begradigt. In ausgebauten Flüssen und Bächen leben weniger Wassertiere und -pflanzen – die Nahrung vieler Süßwasservögel. Uferbereiche werden »gesäubert«. Natürliche Hochwasser und die daraus folgende Bewässerung des Umlandes werden unterbunden. Dadurch gehen ruhige Flachwasserbereiche verloren, an denen sich Fischjäger wie der Eisvogel zur Jagd niederlassen könnte. Tümpel und Teiche werden durch Schutt oder Aushub zugeschüttet, von gedankenlosen Menschen als Müllkippen mißbraucht oder durch die chemischen Schädlingsbekämpfungsmittel, die in der Landwirtschaft eingesetzt werden, verseucht.

Störungen beim Brüten unerwünscht
Nicht zuletzt werden die Vögel, die besonders in der Brutzeit sehr empfindlich gegen Störungen sind, immer häufiger aufgeschreckt. Eine ständig steigende Zahl von Touristinnen und Touristen, Freizeitsportlerinnen und -sportlern stürmen die wenigen verbliebenen Gewässer, um an deren Ufern ein Sonnenbad zu nehmen, zu schwimmen, Motorboot zu fahren oder auch zu angeln. Durch den Lärm und die Unruhe aufgeschreckte, brütende Vögel verlassen häufig ihre Nester und das Gelege. Die Folge kann sein, daß der Nachwuchs eines Jahres in den Eiern abstirbt.

Zwölf Vogelarten sind nach der »Roten Liste der in Deutschland gefährdeten Brutvogelarten« 1991 schon ausgestorben oder verschollen. 31 Arten sind vom Aussterben bedroht, 36 sind stark gefährdet und 41 Arten gelten als gefährdet. Zu diesen gehören der **Haubentaucher** *(oben), die* **Moorente** *(Mitte) und das* **Tüpfelsumpfhuhn** *(unten).*

Das Freizeitvergnügen der Menschen kostet die ruhebedürftigen Süßwasservögel ihre letzten Lebensräume. Um die wenigen mit Schilf bestandenen **Uferbereiche** *– in denen viele Süßwasservögel nisten – vor Störungen zu schützen, ist es Motorbooten nicht erlaubt, sich auf mehr als 300 m diesen Bereichen zu nähern, Surfer und Surferinnen, Segelbootfahrer und -fahrerinnen müssen 100 m Abstand zum Schilf halten.*

SÜSSWASSERVÖGEL

Graureiher, auch Fischreiher genannt, gehören zu den gefährdeten Tieren. Ihre Bestandssicherung ist zwischen Tierschützern und Fischzüchtern umstritten, denn Graureiher richten in unseren Breitengraden wirtschaftliche Schäden an. Da sie nur selten Seen finden, aus denen sie ihr Futter fischen können, halten sie sich – zum Ärger der Fischzüchter – an Zuchtteichen schadlos.

Das Ramsar-Abkommen

Im iranischen Ramsar wurde 1971 von 48 Staaten das »Ramsar-Übereinkommen« unterzeichnet. Es verpflichtet die Unterzeichnerstaaten Feuchtgebiete, deren Tierwelt und besonders die Biotope von Wasser- und Watvögeln zu schützen. Auf der Welt gibt es inzwischen etwa 470 solcher Schutzgebiete. Mehr als 50 Länder haben das Abkommen unterschrieben. Doch gerade die ärmeren Länder, in denen wichtige Feuchtgebiete liegen, sind nicht beigetreten. Sie haben nicht das Geld, sich um den Schutz zu kümmern. Deswegen sind nach Angaben des WWF (World Wildlife Fund for Nature) nicht nur 20 Feuchtgebiete in den Unterzeichnerstaaten, sondern vor allem zahlreiche Feuchtgebiete in den Nicht-Unterzeichnerstaaten gefährdet.

*Der **Neuntöter** (oben) war früher ein bei uns weit verbreiteter Vogel, der in offenen Landschaften, Feldgehölzen, Hecken, Waldrändern und Gärten zu finden war. Heute ist er seltener und ist als gefährdet eingestuft. Der **Zaunkönig** (unten) und das **Rotkehlchen** (großes Bild links) sind bei uns noch häufig, stehen aber unter besonderem Schutz.*

Gefährlicher Flug in das Winterquartier

Beinahe die Hälfte aller Vogelarten gehört zu den Singvögeln. 4000 Arten gibt es von ihnen auf der Erde. Singvögel, wie die Schwalbe oder der Pirol, gehören zu den Zugvögeln, die den Winter in den wärmeren südlichen Ländern verbringen. Viele von ihnen legen tausende Kilometer zurück, bevor sie ihr Winterquartier erreichen. Auf ihren Flügen sind die Vögel zahlreichen Gefahren ausgesetzt So können sie in die Fangnetze oder Bogenfallen von Vogelhändlern geraten, von Jagdsportlern abgeschossen oder mit Vogelleim gefangen werden.

In ihren Winterquartieren wird das Überleben für die Vögel immer schwieriger. Jahrelange Dürreperioden, etwa in der afrikanischen Sahelzone, trocknen das Land aus. Immer mehr Wüstengebiete entstehen. In dieser Trockenheit suchen die Vögel vergebens nach dem lebensnotwendigen Wasser und nach Pflanzen. Jährlich sinkt die Zahl der im Frühling nach West- und Nordeuropa zurückkehrenden Vögel.

Sommers wie winters kein leichtes Leben

Auch in ihren Sommerquartieren – den hochindustrialisierten Staaten Mittel- und Nordeuropas – wird ihnen das Überleben nicht leicht gemacht. Ihre Lebensräume werden drastisch eingeschränkt: Feuchtgebiete werden entwässert und

Urteil gegen den Singvogelfang in Italien

Der seit drei Jahrhunderten in der norditalienischen Region Friaul betriebene Singvogelfang mit Netzen und Leimrouten wurde 1990 vom Verfassungsgerichtshof in Rom verboten, weil er gegen die EG-Vogelschutzrichtline verstößt. Nach der Richtlinie dürfen in Italien lediglich Drosseln und Feldlerchen geschossen werden; alle anderen Singvögel sind zu schützen.

zugeschüttet. Der Pflanzenbewuchs wird durch die intensive Forst- und die Landwirtschaft eintöniger. Es entstehen Monokulturen, in denen viele Singvogelarten weder Nahrung noch Lebensräume für sich und ihren Nachwuchs finden – und wenn sie Nahrung finden, so ist diese häufig mit chemischen Schädlingsbekämpfungsmitteln verseucht. Auch die Gärten – früher ein beliebter Aufenthaltsort für Singvögel – haben sich verändert. Viele Gartenbesitzer und -besitzerinnen folgen dem Modetrend, in ihren Gärten exotische Bäume, Sträucher und Blumen anzupflanzen und auf einheimische zu verzichten.

Gefährdet sind die Vögel auch durch den zunehmenden Straßenverkehr und durch die Verdrahtung der Landschaft mit Hochspannungsleitungen. Diese Leitungen sind nicht nur Flugbehinderungen, ihre Spannung ist so stark, daß die Vögel in einem Umkreis von 100 m schlecht brüten können.

Daraus wird ersichtlich: Der Schutz von Zugvögeln – letztendlich aber der Schutz aller Tiere, die die von Menschen gezogenen Staatsgrenzen »übertreten« – ist nur durch internationale Zusammenarbeit zu sichern. Es gibt Singvogelarten wie den Pirol, der zwar in Deutschland geschützt ist, in Nordafrika aber als Delikatesse gejagt und serviert wird. 1979 wurde in Bonn das »Übereinkommen zur Erhaltung der wandernden, wildlebenden Tierarten« abgeschlossen. Diesem Übereinkommen sind zahlreiche EG-Mitgliedsstaaten beigetreten.

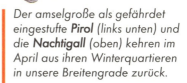

Der amselgroße als gefährdet eingestufte Pirol (links unten) und die Nachtigall (oben) kehren im April aus ihren Winterquartieren in unsere Breitengrade zurück.

Pirol

Die Jagd auf Zugvögel in den südlichen Ländern – wie in den hier gezeigten Netzen – wurde lange Zeit kaum beachtet. Durch Kampagnen wurden Italienurlauber und -urlauberinnen auf den Massenmord an Singvögeln aufmerksam gemacht. Zahlreiche Vogelfreundinnen und -freunde boykottierten Urlaubsorte, von denen bekannt war, daß dort Vögel gefangen wurden, und klebten den Aufkleber »Kein Urlaubsort wo Vogelmord« an ihre Autos.

Nisthilfen für bedrohte einheimische (Sing-)Vögel

Viele einheimische Vögel – nicht nur die Singvögel – leiden unter dem Rückgang geeigneter Nistplätze. Mit dem Aufhängen von Nistkästen helfen die Menschen nicht nur den Vögeln, sondern häufig gleichzeitig auch sich selber. Viele Vögel, die etwa in einem Garten nisten, betätigen sich als Schädlingsvernichter, so daß auf den Einsatz von Chemikalien verzichtet werden kann.

Singvögel wie Nachtigall, Rotkehlchen, Zaunkönig oder Singdrossel brüten am Boden im Heckenbereich – an Orten also, die von vielen Gartenbesitzerinnen und -besitzern häufig übermäßig gepflegt werden.

Diese Pflege – das Beschneiden der Hecken und das Wegräumen von Reisig und herabgefallenem Laub – vernichtet mögliche Nistplätze für diese Tiere.

Der Exot für den Käfig

Exotische Vögel wurden von den Menschen schon sehr früh gejagt. An Fürstenhöfen hielten sich die Reichen Europas solche Ziervögel wie den Paradiesvogel in Käfigen. Begehrt waren auch Teile der Vögel – zum Beispiel die langen Schwanzfedern der Paradiesvögel. Bei vielen tropischen Vögeln haben die Männchen zur Balz ein farbenfrohes Federkleid. Rege wurde mit der Ware Feder gehandelt. Unzählige Tiere mußten nicht nur Federn, sondern ihr Leben lassen.

Auch heute wird viel mit Exoten gehandelt. Sie sind in Europa, in Japan oder in den USA beliebte Haustiere. Rund eine Million Papageien – Loris und Kakadus, Aras, Amazonen und verschiedene Sitticharten – werden jährlich in den Tropen eingefangen, aber nur wenige erreichen ihren Bestimmungsort. Es gibt Schätzungen, daß nur einer von fünfzig eingefangenen Papageien seinen Zielort lebendig erreicht. Die übrigen sterben schon beim Versuch, sie einzufangen, auf dem Transport durch falsche Behandlung oder an der Aufregung der Reise. In der Natur dagegen können Papageien ein für Vögel ungewöhnlich hohes Alter erreichen: Sie werden teilweise so alt wie Menschen.

Bis auf Einzeltiere ausgerottet

Ende der 80er Jahre – so hat der WWF (World Wildlife Fund for Nature) errechnet – wurden allein in das Gebiet der alten Bundesländer Deutschlands jährlich 30 000 bis 40 000 Papageien geliefert. Die Vogelfamilie hat mehr als 300 Arten, von denen mindestens 30 Arten am Rande der Ausrottung stehen und geschützt sind. So weiß man beim Spix-Ara nur noch von einem einzigen freilebenden Exemplar. Trotz strenger Schutzvorschriften für die bedrohten Vögel werden immer wieder geschützte Tiere von skrupellosen Händlern aus dem Heimatland in das Einfuhrland geschmuggelt. Die Artenvielfalt der Vögel macht es den

*Der **Kakapo** oder **Eulenpapagei** war früher in Neuseeland weit verbreitet. Er lebt hauptsächlich am Boden, wie viele Vogelarten Neuseelands. Auf dieser Insel gab es lange Zeit keine natürlichen Feinde, die die Vögel jagten. Deswegen war der Boden als Lebensraum ungefährlich für die Tiere. Erst als die weißen Siedler Katzen und andere Raubtiere einführten, wurde diese Ordnung zerstört. Der Bestand zahlreicher Tierarten schrumpfte dramatisch. Der Kakapo ist heute fast ausgestorben und steht unter strengstem Schutz.*

*Die Familie der **Kolibris** mit ihren 300 Arten kommt nur auf dem amerikanischen Kontinent vor. Der kleinste Kolobri ist nicht größer als eine Hummel, der größte hat die Größe einer Schwalbe. Kolibris ernähren sich von Nektar und von kleinen Insekten. Beides holen sie mit ihren langen Schnäbeln im Flug aus den Pflanzenblüten.*

kontrollierenden Zollbeamten schwer, geschützte von ungeschützten Vögeln zu unterscheiden – oftmals sind die Unterschiede im Aussehen auch sehr gering.

Der Handel mit Exoten – ein Weg aus der Armut

Doch die Jagd auf die Tropenvögel, um sie als Ware anzubieten, ist nicht die einzige Gefahr, der diese Tiere unterliegen. Viele Einheimische der Tropenländer machen diese Arbeit nur, weil sie sehr arm sind und durch den Handeln mit den Vögeln ein wenig an dem Reichtum der Länder teilhaben, in die die Vögel geliefert werden. Diese Armut ist auch die Ursache für eine sehr viel bedrohlichere Art der Ausrottung: die Zerstörung der Vogel-Lebensräume.

Sterbende exotische Vogelwelt auf Mauritius

Die Alexandersittiche sind vermutlich die seltensten Vögel der Welt. Diese grünen Papageienvögel mit rotem Schnabel und schwarzem Halsband leben auf der Insel Mauritius im Pazifischen Ozean. 1990 gab es von diesen Vögeln nur noch 15 Stück. Sie wurden – wie zahlreiche andere Tiere, die einst Mauritius bevölkerten – Opfer von menschlichen Eingriffen wie der fast vollständigen Veränderung der ursprünglichen Pflanzenwelt. Als Hauptanbauprodukt, dem zahlreiche Waldgebiete zum Opfer fielen, ist das Zuckerrohr. Die Insel bietet durch die Monokulturen dieser Exportpflanze vielen Tieren keinen Lebensraum mehr. Fast völlig verschwunden waren auf Mauritius auch die Rosa Taube – von ihr gab es 1985 noch 20 Exemplare – und der Mauritiusfalke. Von ihm gab es nur noch ein einziges brütendes Pärchen. In einer Zuchtsstation wurden die von Aussterben bedrohten Vogelarten wieder zu kleinen Populationen aufgebaut.

Die einfarbigen, kobaltblauen **Hyazintharas** leben in den Regenwäldern Brasiliens. Diese Wälder werden zur Gewinnung von Edelhölzern abgeholzt – und damit wird der Lebensraum dieser Papageienvögel ständig kleiner. Ganze 2500 freilebende Exemplare der Hyazintharas sind bekannt.

TROPENVÖGEL

Freizeitrummel verstört die Birkhühner

Die wenigen Lebensräume, die den Tieren verblieben, haben den Nachteil – für die Birkhühner – daß sie beliebte Ausflugsziele der Menschen darstellen. Besonders im Winter, wenn die Pflanzen kein Grün tragen und die Birkhühner sich deshalb nicht verstecken können, werden die Vögel von wanderwütigen Menschen und Ski-Langläufern gestört. Sobald sich ihnen ein Mensch auch nur aus großer Entfernung nähert, fliehen sie. So ist es ihnen kaum möglich, ungestört zu fressen.

Beliebte Zielscheiben der Sportjäger

Der bekannteste Hühnervogel ist das Haushuhn. Seine Verwandten lebten schon vor 50 bis 60 Mio. Jahren. Sie entwickelten sich in einem Erdzeitalter, das dem Aussterben der Saurier folgte. Verschiedene Arten sind fast überall auf der Welt zu finden.

Hühnervögel dienten schon früh den Menschen als Nahrung – und sie sind, wie der Edelfasan, beliebte Ziervögel. Deswegen werden viele Arten in Regionen angesiedelt, in denen sie ursprünglich nicht lebten.

Überall auf der Welt wurden und werden Hühnervögel von Sportjägern geschossen. Ende der 60er Jahre wurden etwa in den USA Jahr für Jahr 16 bis 18 Mio. Fasane erlegt.

Ein in Mitteleuropa beliebtes Jagdopfer war das Rebhuhn. Immer wieder gelingt es, neue Populationen anzusiedeln, um die Bestände zu vergrößern oder neu einzubürgern.

Europas kleinster Hühnervogel – eine Delikatesse

Schon in der Bibel werden die Wachteln – vor allem ihre ungeheuer großen Zugschwärme – erwähnt. Auf ihrem Flug in das Winterquartier und zurück ins Sommerquartier in Mitteleuropa fliegen die Vögel nachts, recht tief über dem Boden. Die Wachtel war schon im Mittelalter eine Delikatesse. Heute gilt der nur starengroße Hühnervogel in unseren Breitengraden als gefährdet. Die größte Gefahr in die Gefangenschaft der Vogeljäger zu geraten, bestand auf dem Flug in sein Winterquartier im Süden. Allein im Jahr 1920 exportierte ein Land wie Ägypten rund 3 Mio. Wachteln.

Alpenschneehühner leben in steinigem, felsigem Gelände ohne Baumbestand. Sie sind zu finden in der Tundra, in Gebirgsgegenden auf dem europäischen und dem nordamerikanischen Kontinent – meist in kalten nördlichen Regionen, aber auch in den Pyrenäen und in Inner- und Ostasien. Diese Hühnervögel haben im Winter als Tarnfarbe ein völlig weißes Federkleid. Die Flügel und der Bauch bleiben auch im Sommer weiß, die Männchen werden ansonsten grau, die Weibchen braun. In Mitteleuropa kommen sie nur noch vereinzelt in ihrem Lebensraum, den Alpen, vor.

VÖGEL

Die Jagd auf Greifvögel für Abschußprämien

Jahrhundertelang sahen die Menschen im Abschuß von Greifvögeln einen berechtigten Jagdsport: Griffen sich doch diese Vögel Haustiere und wildlebende Kleintiere, die die Menschen gern selber gejagt hätten. Kurz: Die Menschen sahen in den Greifvögeln Konkurrenten. In Europa gehörte es daher lange Zeit zur Normalität, daß Abschußprämien gezahlt, Männer zur Greifvogeljagd verpflichtet und auch harmlose Arten verfolgt wurden. Mittelgroße Arten wie Habichte, Milane und Bussarde wurden in vielen Gegenden vollkommen ausgerottet. Die großen Arten, wie etwa der Adler, wurden in ihrem Bestand ernsthaft gefährdet – unter anderem auch deshalb, weil diese Greifvögel oft schon vor der Geschlechtsreife den Jägern zum Opfer fielen. Adler können erst sehr spät Nachwuchs bekommen.

Erst Mitte dieses Jahrhunderts – als deutlich wurde, daß diese Vögel in Europa aussterben würden, wenn ihre Verfolgung nicht gestoppt würde – wurden Schutzmaßnahmen eingeführt.

Der Bestand der bei uns heimischen in freier Wildbahn lebenden **Seeadler** (oben) lag Ende der 70er Jahre in den alten Bundesländern bei vier oder fünf Brutpaaren. Dramatische Rettungsaktionen zum Erhalt des einstmal verbreiteten großen Greifvogels – seine Schwingen können eine Spannweite von 2,45 m erreichen – setzten ein. Die Karte zeigt das heutige Verbreitungsgebiet des Seeadlers.

Der **Turmfalke** – der einzige Stadtbewohner unter den einheimischen Greifvögeln - gilt als besonders geschützt. Obwohl der taubengroße Vogel noch verbreitet und häufig ist, ist er ganzjährig geschont. Wie der Name schon verrät, brüten Turmfalken gerne an Kirchtürmen - aber auch an anderen Gebäuden, Scheunen, an Waldrändern und in Feldgehölzen. Eine besondere Gefahr für den Turmfalken ist - nachdem die früher häufige Jagd auf ihn verboten wurde - seine Nahrung: Er frißt vorwiegend Feldmäuse. Und diese sind oft reines Giftfutter, denn sie nehmen mit ihrer Nahrung Schädlingsbekämpfungsmittel auf.

Kalifornischer Kondor

Das Aussterben der Kalifornischen Kondore schien festzustehen, als man 1986 die letzten freifliegenden Kondore für ein Zuchtprogramm einfing. Dem Versuch nämlich, mit Giftködern alle Kojoten auszurotten, waren viele dieser nützlichen Aasfresser zum Opfer gefallen. Die ersten beiden gezüchteten Kondore wurden 1992 auf den Klippen eines südkalifornischen Kondor-Reservats ausgesetzt. Nur ein dreiviertel Jahr später fand man einen der beiden Kondore tot auf. Er hatte Frostschutzmittel getrunken und war daran verendet.

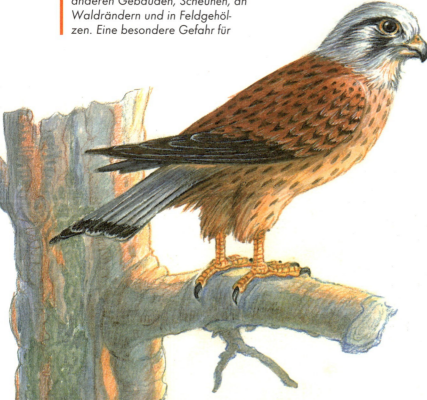

Menschliche Neugier stört Greife

Kampagnen zur Wiederansiedlung der Greifvögel, ein striktes Jagdverbot, die zunehmende Kritik an den Greifvogel-Trophäen und der Schutz der Nester vor neugierigen Menschen und Eiersammlern, den Oologen, sollten zur Erholung der Greifvogel-Bestände führen. Ein brütendes Greifweibchen, das gestört wird, verläßt das Nest und damit das Gelege. Die Eier werden kalt und die in ihnen heranwachsende Brut stirbt ab. Deswegen wurden weltweit Horstschutzgebiete errichtet. Doch auch mit der Einsicht der Menschen ist die Rettung der Greifvögel nicht gesichert. Die Vögel verenden durch die enorme Umweltverschmutzung und -zerstörung, die Veränderung der Biotope, die Zunahme des Luftverkehrs, durch mit Hochspannungsleitungen durchzogene Landschaften, Stacheldrahtzäune und eine Vergiftung der Umwelt von ungeheurem Ausmaß.

Gifte gegen Eierschalen und Embryonen

Der jahrelange, gedankenlose Einsatz von Pestiziden wie DDT oder des chlorierten Kohlenwasserstoffes PCB haben eine verheerende Wirkung auf die Fähigkeit der Muttervögel, starke Eierschalen zu bilden. Die Schale aber braucht eine gewisse Dicke, um während des Brütens nicht von den Füßen der Eltern beschädigt zu werden. Ähnlich bedrohliche Folgen können Herbizide, Unkrautvernichtungsmittel, auf den Nachwuchs der Vögel haben. Werden derartige Gifte in normaler Konzentration auf ein Ei gesprüht, kann es zur Mißbildung oder zum Tod des nichtgeschlüpften Jungen kommen.

Weißkopfseeadler (oben im Flug, unten sitzend) sind seit 1782 Nordamerikas Wappentiere. Doch auch diese Ehrung schützte sie nicht vor hartnäckiger Verfolgung. Insbesondere Viehzüchter empfanden es als gerechtfertigte Gegenwehr, diese Vögel zu fangen, zu vergiften, abzuschießen und hohe Abschußprämien für sie zu zahlen – nicht wissend, daß Weißkopfseeadler Aasfresser sind. Ihre großen, in hohen Bäumen angelegten Horste sind leicht zu finden. Erst 1949 wurden die Wappenvögel gesetzlich unter Schutz gestellt. Doch ihre stark reduzierten Bestände sanken noch einmal dramatisch mit dem massenweisen Einsatz des Insektengiftes DDT. Durch die Abholzung der nördlichen Wälder in Kanada verloren die Tiere auch noch ihre Lebensräume. Erst als Anfang der 70er Jahre die geringe Zahl der Weißkopfseeadler ihr Aussterben ankündigte, wurden entschiedene Rettungsmaßnahmen eingeleitet. Langsam erholen sich die Bestände wieder.

GREIFVÖGEL

VÖGEL

Lebens- und Nahrungsräume der Eulen werden knapp

Wälder sind die Lebensräume der Eulen. Verschiedene Eulenarten bevorzugen unterschiedliche Waldformen. So brauchen beispielsweise der Uhu felsige Waldgebiete, der Sperlingskauz lichte Wälder, der Rauhfußkauz alte Wälder und der Waldkauz – egal wo – vor allem alte, hohle Bäume. Zusätzlich brauchen die Eulen offene Flächen, auf denen sie ihr Futter finden: verschiedene Vögel, Ratten, Igel, Eichhörnchen, Frösche oder Fische – vor allem aber Mäuse. Überall werden diese Lebens- und Nahrungsräume kleiner, so daß die Eulen verdrängt werden. Sämtliche sieben, in Deutschland vorkommenden Eulenarten sind geschützt, da sie gefährdet und regional ausgestorben sind.

Aberglauben als Todesursache

Eulen sind jahrhundertelang von den Menschen verfolgt und abgeschossen worden. Sie galten als unheimlich. Da sie nachts unterwegs sind, lautlos fliegen – und so die Menschen erschreckten –, entstanden zahlreiche Vorurteile. Der

*Gefährdet und besonders geschützt ist bei uns die **Schleiereule** (oben im Anflug auf Beute, links ruhend). Sie ist ein sogenannter Kulturfolger. Das heißt: Sie hat sich im Laufe der Zeit an die menschlichen Siedlungen gewöhnt und eine Möglichkeit gefunden, dort zu überleben. Sie lebt in Städten und Dörfern in und an Gebäuden.*

Aberglaube besagt, daß eine Eule Unheil bringt. Zudem galten Eulen als Nahrungskonkurrenten, weil sie sich die freilaufenden Zuchttiere der Bauern schnappten und auch kleinere Säugetiere, wie die beim Menschen beliebten Wildhasen und -kaninchen, jagte.

Allerdings haben sich die Menschen auch Eulenarten wie den Uhu oder den Steinkauz zunutze gemacht – und ihre Bestände dadurch angegriffen. Für die sogenannte Hüttenjagd auf Krähen oder Greifvögel wurden junge Eulen aus den Nestern gestohlen, ausgehorstet. Die Eulen wurden angebunden ins Gelände gesetzt, bis sie von den Krähen oder Greifvögeln entdeckt wurden. Da diese die Eule fürchten, machten sie ihre Artgenossen auf die Gefahr aufmerksam. So war es ein Leichtes für die Jäger, die aufgeschreckten Vögel aus einem Versteck abzuschießen.

Opfer der Siedlungsfolgen

Die in den letzten Jahrhunderten übliche Jagd auf Eulen ist heute durch eine andere Gefährdung der Tiere in den Hintergrund getreten: die Zersiedlung und ihre Folgen. So wurde nicht nur der Lebensraum zerstört. Die nachtaktiven Tiere verfangen sich in Stromleitungen oder werden beim Überfliegen von Straßen durch Autos verletzt oder getötet. Am schwerwiegensten jedoch wirkt der Einsatz von chemischen Unkraut- und Insektenbekämpfungsmitteln, die in der Landwirtschaft eingesetzt werden. Die Hauptnahrung der Eulen – Mäuse und auch Frösche – nehmen mit ihrer Nahrung zahlreiche Giftstoffe auf, die sich in ihren Körpern anlagern. So fallen diese Tiere quasi als Giftköder den Eulen in die Krallen. Die ständig giftbelastete Nahrungsaufnahme hat zur Folge, daß die Eulen geschwächt und ihr Nachwuchs geschädigt wird.

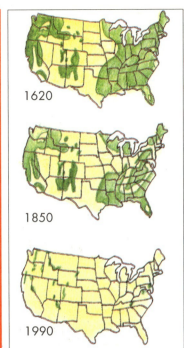

1620

1850

1990

In den letzten unberührten Waldgebieten der USA lebt der Fleckenkauz. Diese Wälder werden systematisch mit der Begründung abgeholzt, so würden Arbeitsplätze für die Holzfäller und in der Holzindustrie geschaffen und gesichert. Der einzige Lebensraum dieser seltenen Eulenart wird durch Holzeinschlag halbiert. Die Karte zeigt, die Vernichtung der nordamerikanischen Wälder seit der Besiedlung durch die Europäer.

Sumpfohreulen (unten links) sind als stark gefährdet eingestuft. Sie kommen nur noch vereinzelt vor und brüten unregelmäßig. Sumpfohreulen bauen als einzige Eulenart fast immer ein eigenes Nest. Die anderen Arten nutzen fremde Nester oder nisten in Mulden.

Stark gefährdet ist auch der **Steinkauz** (unten Mitte). Er lebt vor allem in selten gewordenen offenen Geländen und bevorzugt Obstbäume. In diesen Bäumen findet er als Nahrung zahlreiche Insekten und kann von dort die kleinen Säugetiere ausmachen, die ihm ebenso als Futter dienen.

Der **Sperlingskauz** (oben), die kleinste europäische Eulenart, gilt als gefährdet. In den lichten Wäldern der Alpen und des Mittelgebirges, seinem ursprünglichen Lebensraum, kommt er nur verstreut, selten zahlreicher vor.

Der Storch kehrt nicht zurück

Jahr für Jahr im Frühling kehren die Störche aus ihrem afrikanischen Winterquartier zu uns nach Mitteleuropa zurück – doch es werden immer weniger. Störche sind als stark gefährdet eingestuft. Das gilt sowohl für den Schwarzstorch als auch für den Weißstorch. Früher galten die Weißstörche als Glücksbringer, denn ihre Rückkehr fiel in die Zeit, in der viele Frauen Kinder bekommen. »Der Storch bringt die Babys«, erzählten deshalb Eltern ihren Kindern und zeigten auf das Storchenpaar, das in vielen Dörfern auf einem Baum oder auf einem Dach nistete. Inzwischen ist es schwer, ein Storchenpaar zu entdecken. Waren es Ende der 50er Jahre noch etwa 5000 Brutpaare, die in Deutschland nisteten, so sank ihre Zahl auf etwa 3000 Paare.

Den Störchen wird durch die intensive Landwirtschaft und durch den Einsatz von Pflanzenschutzmitteln ihre Lebensgrundlage entzogen. Nicht nur in ihrem mitteleuropäischen Sommerquartier, sondern auch auf der Flugstrecke nach Afrika zum Winterquartier wurden und werden Sümpfe, feuchte Wiesen und weite Flußtäler entwässert. Sie fallen der Landgewinnung zum Opfer. Genau in solchen Feuchtgebieten aber finden die Störche ihre Nahrung: Regenwürmer, Schnecken, Käfer, Frösche, Eidechsen oder Mäuse.

Die Zimmermänner an morschen Bäumen

Die Spechte sind keine Zugvögel, das heißt: sie verbringen das ganze Jahr in den mitteleuropäischen Breiten. Sämtliche Spechtarten sind geschützt. Ihr Vorkommen reicht vom häufigen Buntspecht bis zum stark gefährdeten, seltensten Specht, dem Weißrückenspecht. Das läßt sich leicht erklären: Der Buntspecht lebt in Parks und Wäldern aller Art. Er findet also noch Lebensräume. Der Weißrückenspecht dagegen bevorzugt Laub- oder Mischwälder mit

---

Spechte meißeln mit ihren kräftigen Schnäbeln ihre Brut- und Schlafhöhlen. Doch Nutznießer dieser Höhlen sind nicht nur sie selber. In verlassene Spechthöhlen nisten sich andere Waldvögel wie zum Beispiel Waldkauz, Trauerschnäpper, Kleiber und verschiedene Meisenarten ein. Aber auch Fledermäuse benutzen verlassene Spechthöhlen zur Geburt und Aufzucht ihrer Jungen. Hornissen, Wespen und Wildbienen bauen in den geschützten Höhlen ihre Nester.

Schwarzstorch

Der Verwandte des Weißstorches, der Schwarzstorch, ist einer der seltensten Vögel in Mitteleuropa. Er kommt nicht in Dörfer und Städte. Der menschenscheue Vogel lebt und nistet in möglichst ruhigen Waldgegenden. Schwarzstörche bauen ihre Horste in 14 bis 18 m Höhe – unterhalb der Baumkrone. Schon im letzten Jahrhundert nahmen ihre Bestände ab. Wenige Waldgebiete boten ihm die notwendige Abgeschiedenheit ohne Ruhestörung durch die Menschen. Eine einzige Ruhestörung kann ein Schwarzstorchpaar für immer vertreiben. Außerdem sind Bäume mit einer entsprechenden Höhe sehr selten geworden. In den 50er Jahren wurde die Storchenvertreibung durch die »Aktion Schwarzstorch« etwas eingedämmt. Mitglieder der Aktion bauten Kunsthorste, die die Störche zur Wiederansiedlung anlocken sollten.

alten verrotteten Bäumen. Doch morsche Bäume sind eine Seltenheit in den Industriewäldern Mitteleuropas. Leichter ist es für diejenigen Spechtarten, die ihre Nisthöhlen in Bäume mit faulem Kern zimmern. Diesen Bäumen ist die Fäulnis nicht von außen anzusehen. Sie werden nicht sofort nach ihrer Erkrankung gefällt. Zu diesen Spechtarten gehört auch der Grünspecht. Er ist in bestimmten Gebieten der häufigste Specht. Der Grünspecht war lange ein Beweis dafür, daß sich die Natur – solange es keine entscheidenden Eingriffe gibt – selber wieder einpendeln kann. Grünspechte sind nach kalten Wintern häufig fast verschwunden, unter natürlichen Bedingungen aber erholt sich der Bestand rasch wieder. Doch dazu müssen die Lebensgrundlagen gesichert sein – und daran mangelt es. Denn noch eine Grundlage fehlt den Spechten immer mehr: das Futter. Sie ernähren sich hauptsächlich von Insekten und deren Larven. Der Einsatz von Schädlingsbekämpfungsmitteln, den Insektiziden, hat aber die Insekten aus weiten Teilen ihres natürlichen Lebensraumes verdrängt.

*Die Störche wählen ihre **Flugrouten** ins südliche Winterquartier und zurück zum Sommerstandort im Norden jeweils nach der Lage ihrer Brutplätze. Die beiden Hauptflugrouten sind durch die sogenannte Zugscheide (siehe Linie im Bild oben) voneinander getrennt. Weißstörche, die westlich dieser Zugscheide brüten, ziehen über Gibraltar in ihr Winterquartier Westafrika. Diejenigen, die östlich der Scheide nisten, überwintern im südlichen Afrika und überfliegen auf dem Weg dorthin Israel.*

***Weißstörche** kehren, wenn es ihnen möglich ist, jährlich zu ein und demselben Nest zurück. Jedes Jahr bauen sie dieses Nest mit Ästen, Erdklumpen, trockenem Mist und Grasbüscheln weiter aus. So kann es bis zu 2 m breit und 2 m hoch werden. Das Ausbrüten der Eier dauert einen Monat, die Aufzucht der Jungtiere zwei Monate.*

Das Ewige Eis – ein unwirtlicher Lebensraum

Im Südpolargebiet der Antarktis können keine Landtiere leben. Die Oberfläche des Kontinents wird bis zu -90°C kalt, eisige Winde fegen mit Spitzengeschwindigkeiten von 320 km/h darüber. Leben findet sich vor allem im Meer und in den Küstenbereichen, da nur wenige Bergspitzen und Teile der zerklüfteten Küste eisfrei sind.

Viele Fischarten, Wale und Robben leben im Wasser der Antarktis, seine Landflächen beherbergen Seevögel und Pinguine. Auf dem winzigen eisfreien Raum entlang der Küsten wachsen die einzigen Pflanzen: extrem widerstandsfähige Moose. Diese Flächen und die zahlreichen, meist vulkanischen Inseln der Antarktis nutzen Vögel und Robben als Lebensräume zur Rast und zur Aufzucht der Jungtiere.

Jeder Eingriff hinterläßt deutliche Spuren

Diese Tierwelt ist auch ohne eine systematische Ausbeutung des Kontinents in Gefahr, und in der Antarktis sind Eingriffe wesentlich gefährlicher als in anderen Regionen. Hier werden Schadstoffe wegen der Kälte nur sehr langsam abgebaut. Erzeugt werden sie vor allem in den Forschungsstationen. Dort leben mehrere tausend Menschen, die Müll produzieren und bis dahin unberührte Landschaften ihren Bedürfnissen anpassen. Allen voran droht den Pinguinen die Zerstörung ihres Lebensraums.

So begann 1982 die französische Regierung mit dem Bau einer 1 km langen Start- und Landebahn für Flugzeuge. Um Geröll als Baumaterial zu gewinnen, wurden Inselkuppen gesprengt, auf denen sich Kolonien von Adélie-Pinguinen befanden. Eine Brutkolonie der Kaiserpinguine ist den Tieren durch den Bau der Startbahn nicht mehr zugänglich.

Touristen in der Antarktis

Auch der zunehmende Tourismus auf dem sogenannten sechsten Kontinent macht den Tieren zu schaffen. Sie flüchten vor den Menschen und lassen ihre Kinder im Stich, oder sie zertreten in Panik ihre Eier. Ebenfalls problematisch ist die Überfischung der antarktischen Gewässer und deren Verschmutzung durch Öl – denn Fische sind die Nahrungsgrundlage der Pinguine.

Schließlich sind die Tiere auch durch die scheinbar weit entfernt gelegene Zivilisation der Menschen gefährdet. Versprühte Gifte werden durch das Meer angeschwemmt und durch die Luft bis in die Antarktis geweht. Im Fettgewebe der Pinguine und verschiedener anderer Seevögel lassen sich daher das gefährliche Insektizid DDT und das giftige PCB nachweisen.

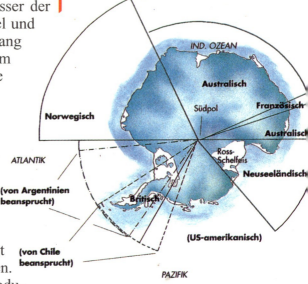

Sieben Staaten erheben Ansprüche auf Regionen des **Südpolargebiets** (unten). Doch bis heute sind diese Ansprüche teilweise noch nicht völkerrechtlich geklärt. 26 Staaten sind in die Beratung über das Schicksal der Antarktis einbezogen und haben den Antarktis-Vertrag (siehe Kasten gegenüber) unterzeichnet.

PCB und seine gefährliche Langzeitwirkung

Polychlorierte Biphenole, abgekürzt PCBs, sind farblose, scharf riechende und stark giftige chlorierte Kohlenwasserstoffe. Sie sind fast gar nicht von Organismen abbaubar und lagern sich im Fettgewebe von Tieren und Menschen an. Sie werden vor allem bei der Kunststoffproduktion und zur Herstellung von Lacken und Holzschutzmitteln gebraucht. Wegen ihrer Giftigkeit werden sie nach jahrzehntelangem Einsatz beispielsweise in Holzschutzmitteln Deutschlands nicht mehr verwendet. In der Umwelt haben sich aber inzwischen große, kaum abzubauende Mengen des Giftes angesammelt und verteilt.

Umweltkatastrophen, wie das Auslaufen von Öl aus einem gestrandeten Schiff in der Region der Antarktis, haben schwerwiegende Folgen. Die niedrigen Temperaturen verlangsamen den natürlichen Selbstreinigungsmechanismus der Meere und des Festlandes.

Welt-Naturschutzpark Antarktis

Ende November 1989 forderte die Mehrheit der Staaten in den Vereinten Nationen (UNO), die Antarktis zum Welt-Naturschutzpark zu erklären. Der Antarktis-Vertrag von 1991 mit einem 50jährigen Abbauverbot bis 2041 ist ein Ergebnis dieser Erklärung der Welt-Staatengemeinschaft. Damit ist ein Schritt hin zu der Regelung erreicht, die Umweltverbände – allen voran Greenpeace – seit vielen Jahren fordern: Einen Weltpark, in dem die Natur auf ewig unberührt bleiben soll, in dem Tiere und Pflanzen uneingeschränkten Schutz genießen.

Geschichte der Antarktis

Bis in die Mitte unseres Jahrhunderts war die Antarktis ein von menschlichen Eingriffen ungestörter Lebensraum. Erst lange nach der ersten Expedition vom 14. 12. 1911 durch Roald Amundsen, Ende der 50er Jahre, begann die wissenschaftliche Erforschung des Kontinents. 1961 wurde dann der erste Antarktis-Vertrag abgeschlossen. Er regelte, daß auf dem Kontinent ausschließlich friedliche Forschung erlaubt sein soll. Viele Staaten errichteten seitdem Forschungsstationen – vor allem deshalb, um ihren Anspruch auf die unermeßlichen und wertvollen Bodenschätze unter dem »Ewigen Eis« zu bekräftigen.

*Die **Königspinguine** sind eine der insgesamt 16 Pinguinarten, die auf der südlichen Erdhalbkugel leben. Sie kommen nicht auf dem antarktischen Festland, sondern auf den Inseln Südamerikas vor. Die Weibchen der Königspinguine legen jeweils nur ein einziges Ei, das auf den Füßen liegt und von einer Bauchfalte überdeckt und warmgehalten wird.*

Australien – ursprünglich eine Tierwelt ohne Feindschaft

Beuteltiere gibt es in freier Wildbahn nur in Australien und auf benachbarten Inseln sowie in Nord- und Südamerika. Allen Beuteltieren ist gemeinsam, daß die Weibchen ihre Jungen in einem Beutel großziehen. Mit seiner einzigartigen Tierwelt stellt Australien mit Tasmanien, Neuguinea und Neuseeland weltweit eine Besonderheit dar. In diesem Teil der Welt hat sich mit den Beuteltieren über Jahrmillionen eine sehr urtümliche Art der Säugetiere entwickelt und erhalten. Natürliche Feinde, wie die schnellen und starken Raubtiere, die diesen Tiere gefährlich werden könnten, gab es nicht. Vor 10 000 oder mehr Jahren tauchte der von Menschen als Haustier eingeschleppte und später verwilderte Dingo, eine Hundeart, auf. Das schnelle, wolfähnliche Tier machte Jagd auf die Beuteltiere.

Die Ankunft der weißen Siedler

Anfang des 19. Jahrhunderts kamen zahlreiche weiße Siedler nach Australien – und sie brachten wiederum neue, auf dem Kontinent bis dahin unbekannte Tiere mit: die Schafe und die Kaninchen.

Während die Schafe sich zwar enorm verbreiteten aber als Zuchttiere unter der Kontrolle der Farmer standen, verwüsteten verwilderte Kaninchen ganze Landstriche. Die sich enorm vermehrenden Kaninchen wurden zu einer regelrechten Plage.

Ein Massaker – Der Abschuß der Känguruhs

Die Känguruhs wurden von den Siedlern hauptsächlich aus einem Grund gejagt und erschossen: Sie sind Pflanzenfresser und galten als Nahrungskonkurrenten. Ihre Verfolgung war so drastisch, daß eine Art, das Zügel-Nagelschwanz-Känguruh, in den 30er Jahren als ausgestorben galt. 1973 aber wurde es wiederentdeckt und lebt seither in Reservaten.

Der **Koala** ist das Wappentier Australiens. Nachdem diese Tierart schon einmal fast ausgerottet war, stellten es die Australier unter besonderen Schutz.

*Der **Beutelwolf** ist eine jener Tierarten, die ausgerottet sind. Der Beutelwolf hatte Ähnlichkeit mit Wölfen und lebte auch so. In den 200 Jahren nach der Besiedlung Australiens waren aufgrund starker Überjagung und durch die Einführung fremder Raubtiere durch Europäer acht Säugetierarten, eine Beutelspitzmaus, zwei Nasenbeutlerarten und vier Känguruharten ausgestorben.*

***Dingos** sind etwa so groß wie ein Schäferhund. Sie leben in Rudeln zusammen und ziehen jedes Jahr einmal quer durch Australien. Da die Dingos die Zuchtschafe der Siedler angriffen, wurden sie von den Züchtern stark verfolgt.*

Die Siedler versuchten, sie mit Giften auszurotten. Als das nicht gelang, wurde mit den Rotfüchsen wiederum eine neue Tierart nach Australien gebracht. Sie sollten die Kaninchen ausrotten. Doch die Jagd auf Kaninchen war für die Füchse ungleich anstrengender als die Jagd auf viele der langsameren, einheimischen Tiere. Viele Beuteltiere wurden Opfer der Füchse. Diese Entwicklung macht deutlich: Hier begann der Kampf um das Dasein, der auf den anderen Kontinenten Millionen von Jahren zuvor eingesetzt hatte.

11 000 km Zäune quer durch den Kontinent

Eine Belastung für die Tierwelt Australiens war eine besondere Variante der Gegenwehr der Farmer gegen die Kaninchen und Dingos: Quer durch den Kontinent verspannten die Menschen ganze 11000 km Zaun, um die Kaninchenplage einzudämmen. Außerdem wurden weitere knapp 10000 km Zäune zum Schutz der Schafe gegen die Dingos errichtet. Dadurch versperrten die Farmer den einheimischen Tieren die Zugänge zu ihren Wasserstellen und Weidegebieten und schnitten ihnen mögliche Fluchtwege ab.

Die Koalas – Teddybären vor dem Aussterben

Neben den Kängurus ist das bekannteste Beuteltier der Koala. Er wurde von den Menschen wegen seines weichen Fells gejagt. Erst als das Vorkommen dieser Beutelbären auffällig abnahm, wurde das Abschießen der Tiere verboten. Doch die Gefahr der Ausrottung ist nicht vorüber. Koalas kennen nur eine einzige Nahrung: die Blätter der Eukalyptusbäume. Fanden sie früher in ihrem Lebensraum ausreichend Eukalyptusbäume, so wird es zusehends schwieriger, Futter zu finden. Große baumbestandene Flächen wurden im Laufe der Siedlungsgeschichte abgerodet. Es gibt nur noch wenige zusammenhängende Flächen mit diesen Bäumen, so daß die Nahrungssuche sehr schwierig geworden ist.

*Das **Schnabeltier** lebt in den Gewässern Australiens und der Insel Tasmaniens, die ein Gliedstaat Australiens ist. Diese Tiere sind ungewöhnliche Säugetiere, sogenannte Kloakentiere. Sie haben keine Milchwarzen, aus denen die Jungen die Milch saugen. Die Muttertiere legen sich zum Milchgeben auf den Rücken. In ihrem Milchdrüsenbereich bilden sich dann kleine Milchlachen, die von den Jungen abgeleckt werden.*

Igel und Mensch als Freund und Feind

Igel leben in Europa, Asien und Afrika. Sie halten sich oft in der Nähe der Menschen auf, da sie sogenannte Kulturnachfolger sind. Das heißt: Igel mögen Wiesen und Gärten, wie sie von Menschen auch im Siedlungsbereich angelegt werden. So ist der Mensch indirekt ein Freund der kleinen Insektenfresser, gleichzeitig aber auch dessen schlimmster Feind: Autoverkehr und Umgestaltung seiner Lebensräume sind Gegner, gegen die sich der Igel nicht verteidigen kann. Die 6 000 bis 8 000 spitzen Stachel – Hornstäbe, mit denen er sich gegen seine natürlichen Feinde Dachs, Marder, Fuchs und Greifvögel wehren kann – können gegen Menschen wenig ausrichten.

Als Igel-Zuflucht kann im Garten eine Kuppel aus Holzbeton dienen.

Hunderttausende werden überfahren

Viele Millionen Wirbeltiere werden allein in Deutschland jährlich vom Autoverkehr überrollt. Darunter sind hunderttausende Igel, die in oder in der Nähe von Siedlungen leben. Damit leben sie automatisch auch in der Nähe von Autos, die zum ständigen Begleiter menschlicher Zivilisation geworden sind. Da die Igel in der Abenddämmerung und in der Nacht unterwegs sind, werden sie leicht übersehen, wenn sie versuchen, eine Straße zu überqueren. Das Verhalten, daß ihnen 20 Mio. Jahre einen guten Schutz gegen Feinde bot, wird ihnen zum Verhängnis: Instinktiv bleiben sie stehen, rollen sich zu einer Kugel zusammen und stellen ihre Stacheln auf, wenn Gefahr droht. Gegen die tausende Kilogramm Gewicht der Autos können sie sich so nicht wehren.

Der unfreiwillige Umzug nagt am Fettgewebe

Die Umgestaltungen der Umwelt sind eine weitere große Gefahrenquelle für die Igel. Ihren Winterschlaf halten sie in

---

Falsche Winterpflege tötet Igel

Die Igel gehören zu den geschützten Tieren, sind aber noch nicht in der Roten Liste, in der vom Aussterben bedrohte Tierarten aufgelistet sind, eingetragen. Unter Naturschutz stehende Tiere dürfen nicht als Haustiere gehalten werden. Doch es gibt Ausnahmen: Wenn die Tiere krank, verletzt oder aus anderen Gründen hilfsbedürftig sind. Bei Igeln kommt hinzu: Wenn sie als Jungtiere vor dem Winter deutlich weniger als 500 g wiegen, darf man sie zur Winterpflege ins Haus nehmen. Entweder sie halten dort in kühlen Räumen ihren Winterschlaf oder sie sind so pflegebedürftig und haben sich so wenig Vorräte angefressen, daß sie keinen Winterschlaf halten können. Dazu dürfen die Räume, in denen die Tiere Auslauf haben, nicht unter 15 °C kalt sein. Dann könnte es nämlich passieren, daß sie in einen kräfteverbrauchenden Halbschlaf verfallen. Erst wenn die Tiere über 700 g wiegen, sollten sie in einen kühleren Raum gebracht werden, wo sie einen ungestörten Winterschlaf halten können. Im Frühjahr müssen die Tiere wieder ausgesetzt werden. Wer das nicht tut, macht sich nach dem Naturschutzgesetz strafbar.

Schuppen und Scheunen, unter Komposthaufen, Holzstapeln und in Gras- und Laubnestern. Oft werden sie dort aufgeschreckt und sind gezwungen, das Revier zu wechseln. Da das viel Energie kostet, geht ihnen eine Menge der angefressenen Wintervorräte verloren, ohne die sie den Winterschlaf nicht überleben. Die übertriebene Pflege der Gärten ist eine weitere Störung, die im Winter wie im Sommer den Igeln das Leben schwer macht. In übertrieben ordentlich gehaltenen Gärten finden sie keinen Unterschlupf mehr. Das ständige Aufräumen stört sie, wenn sie sich einmal eingerichtet haben. Ein Wildgarten bietet neben vielen Insekten und Vögeln auch Igeln einen idealen Lebensraum. Wo sie herumliegendes Laub und Zweige zum Nestbau, einen Holzstapel oder einen Komposthaufen als Unterschlupf finden, werden sie schnell heimisch. Die dort ebenfalls gerne lebenden Insekten sind für den Insektenfresser ein weiterer Anreiz, dort seine Wohnung einzurichten. Gefährdet sind sie in solch idealer Umgebung vor allem durch die Pflege des Komposthaufens. Oft werden Jungtiere beim Umgraben des Haufens getötet, viele Igel erstochen, wenn der Kompost mit einer Mistgabel umgegraben wird.

Sterben aus falsch verstandener Fürsorge

Auch falsch verstandene Liebe zu dem kleinen Wildtier gefährdet sein Überleben: Oft werden neben notleidenden, unterernährten Tieren auch große und kräftige Igel im Winter in Pflege genommen. Gesunde Igel jedoch werden krank und können sterben, wenn sie sich kein eigenes Winterquartier bauen können und stattdessen in eine kleine Kiste verschleppt werden.

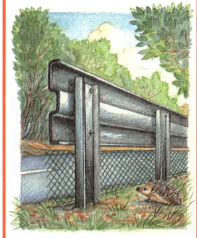

Da die Igel als Kulturnachfolger in unseren Städten und Dörfern leben, müssen sie gegen die Gefahren des Straßenverkehrs geschützt werden. An den Stadt- und Dorfausfahrten, aber auch dort, wo Gärten an die Straße grenzen, sind die Igel besonders gefährdet und werden sehr viel häufiger überfahren als etwa auf freien Straßen. Ein wirksamer Schutz sind 40 bis 50 cm hohe Zäune aus Maschendraht vor den Gartenhecken.
*An größeren Ausfallstraßen kann der **Igelzaun** – nach Absprache mit dem Straßenbauamt – direkt unterhalb der Leitplanken angebracht werden.*

*Der **Europäische Igel**, wie wir ihn kennen, unterscheidet sich von seinen südostasiatischen Verwandten enorm. Diese Haarigel haben borstige Haare und einen langen nackten Schwanz.*

SÄUGETIERE

Der weltweite Vernichtungszug gegen die Biber

In Mitteleuropa wurde der Biber durch gnadenlose Jagd bis zur Mitte des 18. Jahrhunderts ausgerottet oder zumindest sehr selten. Auf der Britischen Insel war der Nager schon vor 800 Jahren vernichtet worden, im Norden Italiens vor rund 500 Jahren. Nachdem im gesamt mitteleuropäischen Raum die Biber ausgestorben waren, wurden sie umso intensiver in Nordeuropa und Rußland gejagt. Nach der Entdeckung Amerikas begann auch dort sehr schnell die Vernichtung der bis zu 30 kg schweren Nager. Um 1900 waren sie auch dort praktisch ausgerottet.

Für die Jagd der Biber gab es verschiedene Gründe: Sehr begehrt waren ihre Felle, die zu wertvollen, wärmenden Pelzen verarbeitet wurden. Seine Schneidezähne galten als Glücksbringer, die zu Amuletten verarbeitet wurden, und das Sekret einer Anhangdrüse, das sogenannte Bibergeil, wurde als Wunderheilmittel gegen fast alle Krankheiten verkauft.

Biberfleisch – die Notlüge in der Fastenzeit

Daneben war das Fleisch der Biber auch während der Fastenzeit sehr begehrt. Zwar war nach dem katholischen Glauben zu dieser Zeit das Essen von Fleisch verboten, aber das Tier wurde einfach als »fischähnlich« bezeichnet. Durch diesen Trick, den fromme Mönche ebenso anwandten wie Adelige, wurde der Biber auch wegen seines Fleisches bedenkenlos gejagt. Dem Tier wurde zum Verhäng-

Wiederansiedelung der Biber

Da Biber Dämme errichten, um Flüsse zu stauen, wird ihre Wiederansiedlung nicht von allen Menschen gerne gesehen. Während die Überflutung von Flußauen in Naturschutzgebieten niemanden stört, klagen Landwirte, die solche Gebiete nutzen, über den Verlust von Weide- und Ackerland. Daß die Nager mit ihrer Bautätigkeit die Wasserfracht der Flüsse regulieren und neue, wertvolle Feuchtbiotope schaffen, ist ihnen ein schwacher Trost. Auch daß die nach Jahren entstehenden, fruchtbaren Schlickböden auf lange Sicht selbst für die Landwirtschaft besser sind, mögen sie nicht sehen. Für eine intensive, industrielle Landwirtschaft sind die Böden erst einmal verloren.

Die Schneidezähne der Biber wachsen ständig nach, so daß die Tiere sie durch Nagen abschleifen müssen. Täten sie das nicht, würden sie an den langen Zähnen verenden.

nis, daß es überwiegend im und am Wasser lebt und den heuchlerischen Menschen des Mittelalters damit eine Ausrede verschaffte.

Lange schien es, als sei das Schicksal der Tiere endgültig besiegelt, die in Deutschland solchen Orten wie Bieber, Biebertal, Bieberbach und Biebernheim ihren Namen gaben. Von den großen Mengen in der die Nager einst aufgetreten sein müssen, war nichts mehr zu entdecken. Doch dann begannen vor 60 Jahren in Rußland erste Versuche, die Tiere wieder heimisch zu machen. Auch in Skandinavien, in den USA und in Kanada entstanden Schutzgebiete mit neuen Biberkolonien. Die Tiere konnten sich wieder vermehren und neue Lebensräume erschließen.

Heimische Nager gefährdet

Andere Nager wie Baumschläfer, Gartenschläfer, Siebenschläfer, Haselmaus, Spitzmaus und Feldhamster sind in Mitteleuropa ebenfalls gefährdet. Diese in der Dämmerung oder nachts aktiven Tiere werden oft als angebliche Schädlinge gejagt. Noch öfter aber sterben sie in ganzen Landstrichen aus, weil ihre Lebensräume radikal umgestaltet werden. So kann die Haselmaus nur dort leben, wo dichtes Gestrüpp ihr Schutz und Platz für ihre Laub- oder Grasnester bietet. Gestrüpp wird jedoch entfernt, wo Siedlungen entstehen oder große Acker- und Landwirtschaftsmaschinen fahren sollen. Ein Opfer der intensiven Landwirtschaft wurde auch der Feldhamster. War er früher mit seiner Sammelleidenschaft für Getreide eine echte Plage für die Landwirtschaft, ist er heute praktisch nicht mehr anzutreffen.

Feldhamster waren früher in den Steppen und Kultursteppen von Sibirien bis an den Rhein weit verbreitet. Heute gehören sie zu den geschützten Tierarten. Ihr Bestand ist gefährdet.

Feldhamster ernähren sich von Feldfrüchten. Sie wurden und werden deshalb von Bauern nicht gern gesehen. In der Landwirtschaft gelten sie als Schädlinge. Früher wurden für das Einfangen von Feldhamstern Prämien bezahlt – und viele Menschen beteiligten sich an der Jagd auf die Tiere. Aber das Verschwinden der Feldhamster hat auch andere Gründe: Hamster legen ihre Bauten unterirdisch an. Als die Bauern Pflüge einsetzten, die sehr tief gruben, wurden zahlreiche dieser Bauten – und damit vermutlich nicht nur der Lebensraum, sondern auch die Tiere selbst – vernichtet.

Die *Staudämme der Biber* funktionieren in derselben Weise wie die von Menschen gebauten: Bei Hochwasser lassen die Biber das Wasser abfließen. Bei niedrigem Wasserstand stauen sie das Wasser. So wird bei Hochwasser der Biberbau nicht überflutet, bei Trockenheit liegt der Eingang nicht frei.
Die Möglichkeit, einen Bach zu finden, in dem sie solche Dämme bauen können, ist sehr selten geworden.

Was waren Biberfelle wert?

Ende des 17. Jahrhunderts blühte in Nordamerika der Handel mit Biberfellen. In der Hudsonbai bekam man für 1 Biberfell 12 Nähnadeln oder 1 Pfund Schießpulver. Für 2 Felle gab es einen kleinen, für 3 Felle einen großen Kochtopf. Für 4 Biberfelle erhielt man 1 Schlafdecke, 1 Gallone Rumverschnitt oder auch eine 1 Biberfalle. Eine karierte Stoffjacke wurde gegen 12 Felle eingetauscht.

SÄUGETIERE

Die Fürsten der Finsternis sterben aus

Jahrhundertelang wurden die Fledermäuse von den Menschen verfolgt. Unzählige Geschichten in allen Teilen der Welt beschreiben Fledermäusen als Unglücksbringer, ja, sogar als Todesboten, als Blutsauger und Vampire. Deswegen wurden und werden sie von den Menschen verfolgt. In manchen Ländern wird noch heute systematisch Jagd auf die nachtaktiven Fledertiere gemacht.

Sämtliche in unseren Breiten vorkommenden Fledermäuse sind heute gefährdet, oder unmittelbar vom Aussterben bedroht. Gehörten diese Kleinsäugetiere noch vor wenigen Jahrzehnten zum gewohnten Anblick bei Waldspaziergängen und in Dörfern zum nächtlichen Straßenbild, sind sie heute kaum noch anzutreffen. Das ist nur zum geringeren Teil auf ihre Verfolgung zurückzuführen. Weit mehr zu schaffen macht ihnen die Zerstörung ihres Lebensraumes und die Vernichtung ihrer Nahrungsquellen.

Die vergebliche Suche nach Schlafplätzen

Fledermäuse verbringen den ganzen Winter und die Sommertage schlafend in Baum- und Nisthöhlen. Meist haben sie sich jedoch schon an die Zivilisation gewöhnt und leben auch auf Dachböden, in Kirchtürmen und an anderen ungestörten Orten. Sie suchen sich alte Gemäuer, Scheunen oder brachliegende Gebäude. Doch bei der heutigen modernen Bauweise werden diese Möglichkeiten immer seltener, die Gebäude haben oft keinen Dachboden mehr oder keinen Zugang für die Tiere. Die Fledermäuse finden kaum noch Schlaf- und Nistplätze, denn deren Temperatur und Luftfeuchtigkeit muß ebenfalls stimmen. Viele Fledermäuse brauchen etwa kühle, frostfreie Höhlen zum Überwintern. Hier könnten sie tiefe Keller nutzen, die aber auch immer

Fledermausschwärme, die auf Nahrungssuche in der Dämmerung den Abendhimmel verdunkeln, haben dazu beigetragen, daß diese Tiere den Menschen unheimlich waren.

Brief eines Fledermausfreundes

Brief von 1813 von Fledermauskenner Leisler an seinen Freund, den Forstmann v. Wildungen

„Seit einigen Jahren wurden in den hiesigen Forsten einige tausend alte Eichen gefällt, und da dies geschah, da die Fledermäuse ihren Winterschlaf hielten, so befanden sich oft mehrere hundert in einem einzigen hohlen Aste, die dann muthwillig getödtet wurden, statt dass man sie, um ihren Schlaf ruhig fortsetzen zu können, in einem anderen hohlen Baume hätte einquartieren sollen. ... Ich kann diese Gelegenheit nicht vorbeigehen lassen, ohne Ihnen diese ungebührlich verachteten, ja oft verfolgten Thiere bestens zu empfehlen, da sie, wie ich versichern kann, un eigentlichsten Sinne Conservateurs der Wälder sind. Denn sie nähren sich hauptsächlich von solchen Nachtschmetterlingen, deren Larven die vorzüglichsten Verheerungen in unseren Waldungen anzurichten pflegen, und da wir ausser der Nachtschwalbe keine nächtlichen Thiere haben, welche die Fledermäuse in dieser nützlichen Jagd unterstützen; So erhellet hieraus wiederum unwidersprechlich, dass unsere schönen Wälder bald entlaubt dastehen würden, wenn meine Conservateurs zu sorgen aufhörten ..."

Fledermäuse leben häufig in Kolonien zusammen. Doch die Orte, die Platz für eine ganze Kolonie bilden, werden immer seltener.

unzugänglicher werden. Oft genug sind die gefundenen Plätze auch nicht ruhig genug. Werden Fledermäuse beispielsweise während ihres Winterschlafs durch Lärm oder Licht so stark gestört, daß sie aufwachen, kann das tödlich sein.

Fledertiere als Opfer schleichender Vergiftung
Nicht nur der fehlende Lebensraum, auch die Vergiftung ihrer Nistplätze gefährdet die Fledermäuse. Holzschutzmittel, Formaldehyd und andere Gifte werden oft in Dachböden versprizt. Sie können tödlich für die Tiere sein, die dort ihren Unterschlupf einrichten. – Wo Gifte die Fledermäuse nicht töten, werden die Tiere von den gefährlichen Baustoffe und Chemikalien leicht vertrieben.
Gleiches gilt für die Schädlingsbekämpfungsmittel, mit denen die Landwirtschaft Insekten tötet. Insekten sind die Hauptnahrung Fledermäuse, die in einer gesunden Umgebung je nach Art bis zu 30 Jahre alt werden können. Entweder finden die Tiere überhaupt keine Nahrung mehr, oder sie müssen vergiftete Insekten fressen. Davon werden sie selbst krank oder getötet. – Die eifrigen Insektenfänger könnten viele chemische Insektenbekämpfungsmittel ersetzen und damit noch weit mehr als bisher zur sinnvollen biologischen Schädlingsbekämpfung beitragen.

Fledertiere

Etwa 800 Fledermausarten leben auf der Welt – von den warmen Regionen der Tropen bis in den Polarkreis hinein. Winterschlaf halten nur die Tiere, die in kälteren Gebieten leben. Einige Arten ziehen – wie die Zugvögel – im Herbst aus den kälteren in wärmere, frostfreie Regionen, um dort ihren Winterschlaf zu halten.

Menschen verdrängen Südamerikas »zahnlose« Tiere

Zu den geschichtlich ältesten Tieren, die heute noch Südamerika bevölkern, gehören die Nebengelenktiere. Von den lange Zeit als »Zahnlose« bezeichneten Vertretern dieser Ordnung Säugetiere leben heute nur noch Gürteltiere: Ameisenbären und Faultiere. Die neue Bezeichnung wurde eingeführt, da die Bezeichnung »zahnlos« auf das Riesengürteltier nicht zutrifft. Es hat tatsächlich bis zu 100 – wenn auch winzige und wurzellose – Zähne. Unter den Nebengelenktieren sind vor allem das Riesengürteltier und der Große Ameisenbär gefährdet. Ihr Bestand ging sehr stark zurück, seit die Tiere mit den Menschen konkurrieren müssen. Während sich die Menschen in Südamerika seit Beginn unseres Jahrhunderts in Massen ausbreiteten, verschwanden genauso massenhaft die Großen Ameisenbären und die Riesengürteltiere.

Beide Nebengelenktiere haben dieselbe Nahrungsgrundlage: Sie brechen in Wäldern und Steppen mit ihren kräftigen Klauen die Bauten ihrer Hauptspeise, der Termiten, auf. Dann lassen sie ihre lange, klebrige Zunge in den Bau der Ameisen schnellen.

*Die Bauten der **Termiten** bestehen aus Holz, Sand und Erde. Die Termiten verkleben die Baustoffe mit ihrer Spucke. In der Sonne trocknet das Material zu einem sehr festen Bau.*

Einseitige Ernährung wird zum Verhängnis

Diese einseitige Ernährung wird ihnen zum Verhängnis: Immer mehr Wälder werden abgeholzt und Steppen zu Weideland gemacht. Die Tiere finden keine Termiten mehr.
Da beide Arten Gebiete bevorzugen, die fern der menschlichen Siedlungen liegen, sind sie nur noch selten anzutreffen. Die wenigen überlebenden Riesengürteltiere finden sich vor allem in den Amazonas-Regenwäldern und in großen Nationalparks Südamerikas. Dort verstecken sich die nachtaktiven Tiere am Tag zwischen den Wurzeln der riesigen Bäume. Auch der Große Ameisenbär jagt nachts nach Termiten und versteckt sich tagsüber im Gebüsch.

Selbst fernab der Siedlungen sind Gürteltier und Ameisenbär vor den Menschen nicht sicher. Neben der Abholzung der Wälder für Landwirtschaft und Schafzucht zerstören große Straßenbauprojekte die Wälder der Tiere. Eine weitere Hauptgefahr für das Überleben der Nebengelenktiere sind große Entwässerungsprojekte und Kanalbauten, die ebenfalls riesige Wälder vernichten. Das scheue Gürteltier wird zudem in Brasilien systematisch gejagt. Die Bauern befürchten, daß das gepanzerte Urtier die Felder verwüstet und damit ihr Einkommen zerstört.

*Der aus einzelnen Ringen bestehende Panzer schützt die **Riesengürteltiere** vor ihren natürlichen Feinden. Sie rollen sich bei Gefahr wie Igel zusammen, so daß der ungepanzerte Bauch ebenfalls geschützt ist. Verwandte der Riesengürteltiere werden in Indien gegessen: Sie werden in ihrem eigenen Panzer gebraten.*

Das Faultier, der dritte südamerikanische Vertreter der Nebengelenktiere, ist das einzige Tier dieser Ordnung, das nicht am Boden lebt. Es hängt beinahe regungslos monate- oder jahrelang in den Ästen eines einzigen Cecrophiabaumes. Dort ernährt es sich von Blättern. Seine langsamen Bewegungen sind der einzige Schutz, den es hat: Es fällt nicht auf. Diese Langsamkeit nützte ihm jedoch nur solange, bis die Menschen im Lebensraum des Faultieres auftauchten. Sie begannen das nahezu regungslose und damit wehrlose Tier zu jagen, um aus seinem Fell Satteldecken herzustellen. Es gehört heute noch nicht zu den stark gefährdeten Tieren, hat jedoch neben der Jagd zunehmend unter dem Abholzen der Wälder und damit dem Verlust seiner Lebensgrundlage, des Cecrophiabaumes, zu leiden.

In der Savanne gibt es keine Verstecke

Eine Nische fanden die großen Nebengelenktiere lange Zeit in den südamerikanischen Savannen. Doch auch diese werden inzwischen als landwirtschaftliche Flächen genutzt. In den Savannen können sich die Tiere wesentlich schlechter vor jagenden Menschen verstecken als in den Wäldern. Auch die kleineren Exemplare der Art – Gürtelmull, Dreibinden-Kugelgürteltier und Neunbinden-Gürteltier – werden hier verdrängt und erbarmungslos gejagt. In etwas größerer Zahl konnte sich allein das Neunbinden-Gürteltier behaupten. Es lebt auch in den Waldgebieten Südamerikas und ist klein genug, sich zu verstecken.

Die Bestände des Großen Ameisenbärs sind unbekannt. Einige Populationen haben in freier Wildbahn in Mittelamerika überlebt – dort, wo keine Menschen leben. Andere Populationen stehen in Nationalparks unter Schutz.

Das lange Sterben der Wale

In den Weltmeeren soll es einmal mehr als 2 Mio. Blauwale gegeben haben. Sie sind die größten Tiere, die je auf der Welt gelebt haben. Heute gibt es von dieser Art noch etwa 500. Von allen großen Walarten haben schätzungsweise jeweils nur noch zwei Prozent von ihrem ursprünglichen Bestand überlebt. Nach dem Washingtoner Artenschutzabkommen sind deshalb alle Walarten als vom Aussterben bedrohte oder als gefährdete Tiere anzusehen. Seit rund 1000 Jahren bejagen die Menschen die Giganten der Meere. Um die Jahrtausendwende machten die Basken mit ihren Fangschiffen Jagd auf die Tiere und scheuten auch nicht davor zurück, auch Walkühe und ihre Jungen zu töten. Doch ohne geschlechtsreife Walweibchen und ohne Nachwuchs starben ganze Walpopulationen aus. Ab dem 16. Jahrhundert harpunierten die Holländer, die Franzosen und die Engländer, unterstützt von den Basken im hohen Norden, Unmengen der Grönlandwale. Aus der Fettschicht, die die Wale als Wärmeschutz unter der Haut haben, gewannen die Jäger Öl. Es wurde als Brennmaterial verbraucht oder zu Waschmittel und Margarine verarbeitet. Das Fleisch jedoch versenkten die Jäger wieder im Meer.

Die Aktionen der Umweltschutzorganisation Greenpeace haben viele Menschen weltweit erst auf die Grausamkeiten, die den Walen angetan werden, und auf das Sterben dieser Urtiere aufmerksam gemacht.

Die Meere wurden leergeschossen

Mit der Besiedlung Nordamerikas durch die Europäer begann Anfang des 17. Jahrhunderts auch dort das große Walschlachten – vorzugsweise der großen Pottwale, die besonders feines Fett lieferten. Vor Australien, vor Afrika – überall waren Walfänger auf der Jagd und rotteten Walpopulationen aus. Die Barten der Wale – querstehenden Hornplatten, die am Oberkiefer der Bartenwale angewachsen sind – wurden zu Korsetts der feinen Damen verarbeitet. 1861 wurde die Explosionsharpune erfunden, deren Sprengsatz in den Körpern der Tiere explodiert und sie auf einen Schlag tötet. Damit nahm das Massentöten eine neue Dimension an. Auch die Entdeckung von Erdöl als Brennstoff – und als Ersatz für das Fett der Riesensäuger – rettete die Wale nicht. Nun wurde ihr Fleisch verarbeitet.

Das Töten geht weiter

1949 wurde zum Schutz der Wale die Internationale Walfangkommission (IWC) gegründet, in der jedoch vorwiegend um Walfangquoten verhandelt wurde. Mitte der 70er Jahre filmte die Umweltschutzorganisation Greenpeace einen sowjetischen Walfänger beim Abschuß von Pottwalen. Dieser Film erregte weltweit die Aufmerksamkeit der Öffentlichkeit. Die Bewegung der Walfanggegner und der Druck auf die größten Walfang-Nationen Sowjetunion und Japan wuchsen. 1982 stimmten die Mitgliedsstaaten der Internationalen Walfangkommission IWC mehrheitlich für

IWC – Internationale Walfang-Kommission

Die Internationale Walfang-Kommission (IWC – International Whaling Commission, der 38 Nationen angehören), wurde 1949 gegründet. Sie sollte die Entwicklung der Walindustrie überwachen und Walpopulationen schützen. Doch sie hatte keine Eingriffsmöglichkeiten – das Abschlachten der Wale wurde erst auf den Druck der Öffentlichkeit hin reduziert. Island trat 1992 aus dem IWC aus. Gemeinsam mit den beiden anderen Walfang-Nationen, Japan und Norwegen, wirft Island der IWC-Mehrheit »Ökoterrorismus« vor. Die Arbeitsplätze der Walfänger seien wichtig.

den Stop jeglichen kommerziellen Walfangs. Dieses Moratorium sollte Ende 1985 in Kraft treten. Die Walfang-Nationen Japan, Island und Norwegen wehrten sich gegen diesen Beschluß. Unter dem Deckmantel der »Wissenschaft und Forschung« wurden weiterhin tausende Wale getötet. Schließlich riefen die US-Amerikaner zum Boykott aller Fischprodukte aus den Walfang-Staaten auf. Diesem Druck gab Island nach. Japan und Norwegen dagegen streiten nach wie vor um das Recht, für »wissenschaftliche Zwecke« Wale töten zu dürfen. Allein 1992 ließen 330 Wale ihr Leben – für diese sogenannten wissenschaftlichen Zwecke. Doch das Fleisch wird nach Japan geliefert. Dort steht an jedem neunten Tag eines Monats für reiche japanische Staatsbürger Walfleisch auf dem Speisezettel – es ist der »Tag des Walfleischessens«.

*Dieser alte Stich macht deutlich: Die **Walfangjagd** war früher ein sehr gefährliches Unternehmen. Der große Pottwal überragt in seiner Riesenhaftigkeit das Schiff seiner Jäger bei weitem. In ihrer unglaublichen Gier nach dem tierischen »Rohstoff« Blubber – der Fettschicht – aber scheuten die Menschen vor nichts zurück. Die größen Walarten – die Blauwale und die Buckelwale – wurden so hart bejagt, daß ihre Bestände als erste sehr deutliche Rückgänge aufwiesen. Da sich die Jagd kaum noch lohnte, wurden schließlich Finnwale erbeutet. Danach folgten die Seiwale und schließlich – die Pottwaljagd war inzwischen verboten – die Zwergwale.*

*Größte Gefahr für die **Blauwale**: Sie bekommen keinen Nachwuchs, weil die Tiere nicht mehr zusammenfinden.*

Millionenfacher Delphintod im Treibnetz

Die Klugheit und Lernfähigkeit der Delphine hat die Menschen schon immer sehr beeindruckt – doch das hinderte sie nicht, diese Tiere sinnlos zu töten. Sinnlos ist das millionenfache Töten deshalb, weil Delphine ein für die Menschen unnützer »Beifang« der Treibnetzjagd auf Thunfische sind. Diese Treibnetze sind aus Nylon, sehr dünn und reißfest und für das Ortungssystem der Delphine, das Sonar, nicht wahrnehmbar. Die Tiere ertrinken qualvoll. Allein im Nordpazifik werden Treibnetze mit der weltumspannenden Länge von 40 000 bis 60 000 km ausgelegt. Mit etwa 20 km/h schwimmen die Thunfische in das Netz und ersticken langsam.

Die Vorwärtsbewegung drückt Wasser über die Kiemen der meisten Meeresfische. Wenn die Plastikwand diese Bewegung behindert, geht ihnen rasch der Sauerstoff aus. In jeder Fangsaison ertrinken neben den Thun- und anderen Fischen auch 110 000 bis 180 000 Meeressäuger wie Wale und Robben in diesen tödlichen Fallen.

Die Technik dieser Treibnetzfischerei läßt sich nicht beherrschen. Es scheint keine Methode zu geben, den Beifang zu vermindern, keinen Weg, das Töten von Haien, Delphinen, Walen, Meeresschildkröten und Seevögeln zu beenden. Dazu kommt ein weiteres Problem: Jährlich gehen zahlreiche Kilometer an Treibnetzen verloren – sie sinken als Todesfallen in die Meerestiefe.

*Die bis zu 3 m langen und bis zu 900 kg schweren **Mondfische** sind neben Delphinen, Walen, Robben und verschiedensten Seevögeln die häufigsten ungewollten Opfer der Treibnetzjagd.*

Delphinfreier Thunfisch – Zweifel sind angebracht

Im Handel wird inzwischen »delphinfreundlicher« Thunfisch angeboten. Nachkontrollieren kann das jedoch kaum jemand. Es gibt zur Zeit noch keinen einheitlich verbindlichen, gesetzlich geschützten Aufkleber. Es kann also jeder Händler ein solches Signet benutzen – egal, ob der Thunfisch delphin-sicher gefangen wurde oder nicht.

Gemeinschaft des Todes

Andere Fischer, wie zum Beispiel die mexikanische Fangflotte, machen sich eine besondere Eigenart der Delphine zunutze. Delphingemeinschaften, sogenannte Schulen, leben mit Gelbflossen-Thunfischen und anderen Thunfischschwärmen zusammen. Deswegen mußten in den vergangenen 30 Jahren schätzungsweise mehr als 6 Mio. Delphine allein im Ostpazifik ihr Leben lassen. Hubschrauber suchen die Meere nach Delphinschulen ab, weil sie annehmen, daß darunter ein Thunfischschwarm schwimmt. Die Delphine – und mit ihnen die Thunfische – werden mit Helikoptern und Schnellbooten gejagt, bis sie vor Erschöpfung und Verwirrung nicht weiterschwimmen können. Dann wird ein spezielles Treibnetz, das Ringnetz, ausgelegt und wie ein Beutel zusammengezogen. In diesen Netzen landen alle Tiere, die größer als einen halben Meter sind – also vor allem auch die Delphine.

Mexiko tötet mit seiner größten Ringnetzflotte alljährlich über 100 000 Delphine. Unter Mexikos und anderen lateinamerikanischen Flaggen gehen auch US-amerikanische Thunfisch-Fangschiffe auf Jagd. Damit umgehen sie das Verbot, mehr als eine begrenzte Zahl von Delphinen beizufangen. Gelbflossen-Thunfische und andere Thunfischarten können mit gutem Erfolg auch ohne Delphine gefangen werden.

Weltweites Treibnetzverbot gefordert

Im Dezember 1989 verabschiedeten die Vereinten Nationen (UNO – United Nations Organization) eine Resolution, wonach die Treibnetz-Fangflotten reduziert werden sollen. Für den Südpazifik sollte der Treibnetzfang ab 1991 und für alle anderen Gebiete ab 30. Juni 1992 eingestellt werden. Doch eine Resolution ist für die UN-Mitglieder nicht bindend.

*Mit gezielten **Rettungsaktionen** hat die Umweltschutzorganisation Greenpeace versucht, einzelne Delphine vor dem Tod im Treibnetz zu retten. Taucher und Taucherinnen zerschneiden die Netze und befreien damit die Tiere.*

Flußdelphin

Flußdelphine, die Brackwasser- und Irawadi-Delphine, haben ihre Lebensräume in Flußmündungen Afrikas, Südostasiens und Südamerikas. Teilweise bewegen sie sich weit die Flußläufe hinauf. Auf ihrer Tagung im Frühjahr 1993 wies die IWC darauf hin, daß Staudämme in den großen Flüssen Asiens die Delphinbestände bedrohen. In den indischen Flüssen Ganges und Indus und im chinesischen Yangtse finden sich nur noch wenige Tiere. Gefährdet sind die Tiere nicht nur durch die Dämme, sondern auch durch die Absenkung des Wasserspiegels und durch die Überfischung. Im Ganges werden nach Angaben der IWC Jahr für Jahr 350 Flußdelphine getötet, im Yangtse leben nur noch etwa 100 Tiere.

*»Wände des Todes« werden die **Treibnetze** auch genannt. Für die Tiere, die darin landen, gibt es kein Entrinnen.*

Seekühe sind verwandt mit den Elefanten

Die Seekühe oder Sirenen gehören zu den Säugetieren, die im Laufe ihrer Evolutionsgeschichte zurück ins Meer gegangen sind, sich dem Wasserleben wieder angepaßt haben. Die robbenähnlich aussehenden, plumpen Seekühe sind nicht mit Kühen, sondern entfernt mit den Elefanten verwandt. Seekühe kommen in Flüssen und küstennahen Gewässern vor. Die nachtaktiven Tiere schlafen tagsüber. Dabei stecken sie den Kopf aus dem Wasser, um zu atmen. Seekühe sind nicht menschenscheu. Alle diese Eigenarten wurden vielen von ihnen zum Verhängnis.

In nur 30 Jahren ausgerottet

Das erste Opfer war die Seekuhart Stellersche Seekuh. Das bis zu 10 m lange Tier wurde Mitte des 18. Jahrhunderts, 1741, in der Beringstraße, einer Meerstraße, die den Pazifischen Ozean mit dem Nordpolarmeer verbindet, entdeckt. Ihr Fleisch, die reichen kälteisolierenden Fettschichten und schließlich auch ihre Haut wurden unter den zahlreichen Pelzjägern der Beringinsel und unter den Schiffsmannschaften, die auf dem Weg zum Polarmeer waren, zu begehrten Waren. Die großen, schweren Tiere, die von wenigen Männern kaum an Land zu bringen waren, wurden deshalb oftmals in Massen verwundet. Die Jäger hofften, daß sie verenden und an Land gespült würden. Die Stellersche Seekuh, deren Population ohnehin nicht sehr groß gewesen sein dürfte, wurde in weniger als 30 Jahren ausgerottet.

*Ebenfalls als Verwandte der Elefanten, als Abkömmlinge der Huftiere, werden die **Schliefer** eingeordnet. Die kaninchengroßen Tiere sind die einzigen Sohlengänger unter den Huftieren. Sie sind zudem Wiederkäuer, obwohl sie nicht den typischen Magen der Wiederkäuer haben. Ihre Lebensräume – der Regenwald für die Baumschliefer, die Steppengebiete für den Buschschliefer sowie Fels- und Wüstengegenden für den Klippschliefer – sind durch menschliche Eingriffe von der Zerstörung bedroht.*

Der Entwicklungsweg zurück ins Wasser

Nicht viele Säugetiere haben in ihrer Entwicklungsgeschichte den Weg zurück ins Wasser genommen – zurück deshalb, weil ursprünglich alles Leben aus dem Wasser kommt. Die Gliedmaßen der Tiere müssen sich über viele, viele Generationen dem Wasserleben wieder anpassen. Das bedeutet im Fall der Seekühe: Die Vordergliedmaßen sind zu Flossen umgebildet, die hinteren Gliedmaßen sind verschwunden. »Rückwärtsentwicklungen«, wie sie auch beispielsweise die Wale durchgemacht haben, ergeben sich dadurch, daß die Tiere im Wasser überlebensfähiger sind. Sie besetzen eine ökologische Nische, die von anderen Tieren nicht besetzt war.

Früher verfolgt – heute geschützt

Die heute noch lebenden Vertreterinnen der Seekühe, die Manatis oder Rundschwanzseekühe, sind ebenfalls vom Aussterben bedroht. Sie leben vor der Küste Floridas, an der mexikanischen Atlantikküste und der Nordküste Südamerikas.

Manatis stehen in großen Teilen ihres Verbreitungsgebietes unter Schutz und werden nicht mehr wie früher wegen ihres Fleisches, Fettes und der Haut gejagt. Die Verschmutzung der Küstengewässer verdrängt sie jedoch aus ihrem Lebensraum. In den sauberen Gewässern werden sie von den Touristen gestört. Außerdem werden jährlich zahlreiche Manatis durch Motorbootschrauben verletzt und verenden an den Wunden.

Ebenfalls geschützt, wenn auch nicht vom Aussterben bedroht, sind die Dugongs oder Gabelschwanzseekühe. Ihr Lebensraum ist das Rote Meer und der Indische Ozean. Ihre Männchen wurden in früheren Zeiten stark verfolgt. Sie lieferten nicht nur die bekannten Stoffe, sondern zudem zwei wertvolle Stoßzähne. Aus vielen ursprünglichen Verbreitungsgebieten sind sie deshalb völlig verschwunden.

Seekühe haben sehr unterschiedliche Lebensräume. Sie sind im Meer in Küstennähe oder auch im Süßwasser zu finden. Sie ernähren sich von Wasserpflanzen und Algen. Wenn sie – wie die Kühe – weiden, ragen ihre Vorderkörper aus dem Wasser. Von weitem betrachtet, erinnern sie an Menschen. Die Seekuhweibchen haben sehr ausgeprägte Brüste.

Diese Tatsachen haben die Sage von den Meerjungfrauen aufkommen lassen: Die Seekühe seien Meerjungfrauen, die einen Fischschwanz haben und die Seeleute mit ihrem Gesang betören.
Dieser Gesang, der übrigens nur von Jungtieren stammt, hat den Seekühen auch den Namen »Sirenen« eingebracht.

SÄUGETIERE

Der Elefant als Lieferant des »Weißen Goldes«

In Afrika wurden einzelne Elefanten schon seit jeher von den dort lebenden Völkern und Stämmen wegen ihres Fleisches erlegt. Doch blieb diese Jagd ohne jede Auswirkung auf den Bestand der Tiere. Die Afrikaner verwerteten fast alles an den erlegten Elefanten – nur nicht das Elfenbein. Für die Stoßzähne – bei den afrikanischen Elefanten tragen sowohl die männlichen als auch die weiblichen Tiere Stoßzähne – hatten sie keine Verwendung. Deshalb wurden sie achtlos liegengelassen oder aufgestapelt.

Der Entdeckung dieses »weißen Goldes« durch die Europäer folgte eine Art Kriegszug gegen die mächtigen Tiere.

Die Jagd nach dem »Weißen Gold«

Die Araber traten als erste Elfenbeinhändler auf. Die Afrikaner tauschten das für sie selbst unnütze Elfenbein gegen Waren aus. Schlagartig änderte sich diese Situation, als die Europäer das Elfenbein als edlen Rohstoff entdeckten. Die Eroberung durch die europäischen Kolonialisten ging einher mit dem Raub der Elfenbeinvorräte der afrikanischen Stämme. Die Europäer brachten auch Gewehre mit. Doch nicht sie selbst, sondern die ausgeplünderten Afrikaner machten fortan Jagd auf die Elefanten, um die Gier der Europäer nach immer mehr Elfenbein zu befriedigen. Elfenbein wurde als Rohmaterial geliefert, verarbeitet zu Knochenschnitzereien oder als Grundstoff für Arzneimittel. Die Ausbeutung der Tiere nahm auch groteske Formen an: Aus den breiten Füßen der Elefanten wurden Papierkörbe oder Sitzgelegenheiten und aus dem Schwanzhaar Armbänder hergestellt.

Um die Jahrhundertwende, als die Eroberung des afrikanischen Kontinents durch die Europäer besiegelt war, setzten die Großjagden durch die weißen Siedler ein – und kurz darauf wurden erste Schutzvorschriften für Elefanten erlassen. Abschußlizenzen und das Verbot, Elefantenkühe zu erlegen, verlangsamten den Ausrottungsprozeß. Doch der Handel blieb ein gewinnbringendes Geschäft. 1979 lebten noch schätzungsweise 1,3 Mio. Elefanten auf dem afrikanischen Kontinent. Heute sind es etwa die Hälfte.

Handelsverbot für Elfenbein

1989 verabschiedete die Konferenz zum Washingtoner Artenschutzabkommen CITES ein weltweites Handelsverbot für Elfenbein und Elfenbeinprodukte und ordnete den Afrikanischen Elefanten in die höchste Schutzkategorie (Anhang I) ein. Das damit verbundene, weltweite Handelsverbot für die 112 Mitgliedsstaaten führte zu einem Preissturz für Elfenbein. Ein als legal getarnter, verbotener Han-

*Immer wieder werden Verstecke entdeckt, in denen Wilderer riesige **Stoßzähne** getöteter Elefanten lagern, um sie teuer zu verkaufen.*

Der Asiatische Elefant

Der hauptsächlich in Indien vorkommende Asiatische Elefant wurde und wird von der einheimischen Bevölkerung als Haustier gehalten. Im hinduistischen Glauben spielt er eine besondere Rolle. Er gilt als der Bewahrer der Welt und wird als Weißer Elefant verehrt. Seine Verfolgung war allein deswegen geringer, weil die weiblichen Tiere keine Stoßzähne haben. Die asiatischen Elefanten aber sind massiv durch die Zerstörung ihres natürlichen Lebensraumes, des Dschungels, gefährdet. In Indien irren 2000 Tiere auf der Suche nach neuem Lebensraum vereinzelt herum und wandern dabei in Gegenden, in denen seit bis zu 300 Jahren kein Elefant mehr gesehen wurde.

del war so nicht mehr möglich. Doch noch immer werden Elefanten erlegt. Die Armut der Menschen in den Ländern Afrikas wird von skrupellosen internationalen Händlern ausgenutzt. Die Handelswege laufen über solche Länder, die nicht das Washingtoner Artenschutzabkommen unterzeichnet haben.

*Die Stoßzähne des Elefanten – hier ist ein **Afrikanischer Elefant** abgebildet, dessen Ohren angeblich dieselbe Form haben wie der afrikanische Kontinent – wachsen ständig. Sie sind die umgewandelten oberen Schneidezähne.*
*Die Jagd nach möglichst langen **Stoßzähnen** (Bild links) war ein lohnendes Geschäft: Elfenbein hat in Zeiten, in denen die Goldpreise auf dem Weltmarkt fielen, als Geldanlage eine große Rolle gespielt. Häufiger aber wurde es verarbeitet: Als geschnitztes Schmuck- oder Kunstwerk wurde es ebenso verwendet wie für die Herstellung von Messerheften, Kämmen, Billardkugeln oder Klaviertasten. Die Apotheker mischten aus Elfenbeinpulver Arzneimittel. Das Pulver diente außerdem als Grundlage für die Herstellung von Schuhcreme.*

Elfenbein aus Eierschalen

Schon die gewaltigen Stoßzähne der Mammuts waren aus Elfenbein aufgebaut. Wegen des »Weißen Goldes« wurden zahlreiche Tiere wie der Narwal, das Walroß und das Flußpferd von den Menschen gejagt und in Massen abgeschlachtet. Doch es gibt Ersatzstoffe. In Japan wurde aus Eierschalen, Milch und Enzymen ein Stoff entwickelt, der sich nicht von Elfenbein unterscheidet. In Südamerika wird die drei Zentimeter große Tagua-Nuß mit ihrer elfenbein-ähnlichen Frucht seit langer Zeit wie Elfenbein zu Schmuck verarbeitet.

Leicht erlegbares Opfer – das Nashorn

Nashörner sind nach den Elefanten die größten Landsäugetiere. Sie haben keine natürlichen Feinde, lassen sich aber leichter als andere Großtiere jagen. Sie sind so kurzsichtig, daß sie ihre Angreifer nicht erkennen und deshalb schlecht angreifen können. Außerdem legen sich Nashörner Gewohnheiten wie Mittagsschlaf, Schlafplatz und immer wieder genutzte Pfade fest zu. Höhlenzeichnungen aus der Jungsteinzeit geben Hinweise darauf, daß sich die Jäger schon damals wegen dieser festen Gewohnheiten vereinzelt an diese Tiere heranwagten. Großwildjäger und Farmer aber haben in den vergangenen Jahrhunderten die Tiere in einem Maß bejagt, daß nicht alle Nashornarten überlebt und von den heute noch existierenden fünf Arten vier vom Aussterben bedroht sind. Die Farmer betrachteten Nashörner als eine Gefahr für ihr Land als Konkurrenten. Die Großwildjäger, schossen die – leicht erlegbaren – Tiere aus purer Lust am Töten ab. Nashornjagd war zu Zeiten der Kolonialisierung ein Offizierssport der britischen Eroberer.

*Für ihre **Hörner** mußten viele Nashörner mit ihrem Leben bezahlen (hier in einem Reservat in Zululand, Afrika)*

Das Nas-Horn – ein begehrter Stoff

Nashörner gelten als lebendige Heilmittellieferanten. Sie wurden und werden heute noch wegen ihrer Hörner bejagt. Das Horn eines ausgewachsenen Nashorns ist auch heute auf dem Schwarzmarkt viele zehntausend Dollar wert. Die Hörner sollen medizinsche Wirkung haben. Zudem hat der

*Die Tragzeit der trächtigen Nashornweibchen dauert etwa doppelt so lang wie die Schwangerschaft einer menschlichen Mutter: 17 bis 18 Monate. Die Jungen werden zwei Jahre lang von ihrer Mutter gesäugt. Diese Zeichnung zeigt ein **Indisches Nashorn**, von denen es nur noch sehr wenige Exemplare gibt, mit seinem Jungen.*

auffällig lange Zeugungsakt zwischen Nashornmännchen und -weibchen wohl zu dem Aberglauben geführt, daß das pulverisierte Horn des Tieres den Geschlechtstrieb fördere. Jedoch weder die medizinische Wirkung noch die Steigerung des Geschlechtstriebes lassen sich nachweisen.

Diagnose: Schlechte Überlebenschancen
Die Ausrottung verlief in einem verheerenden Ausmaß – und der Nachwuchs bei Nashörnern ist relativ selten. Nur alle drei bis vier Jahre bekommt ein Nashornweibchen ein Junges. Das entspricht etwa der natürlichen Sterberate in einer Nashornpopulation. Jegliche Bejagung mußte also zu einer drastischen Abnahme der Populationen führen – die folgenden Zahlen machen das deutlich: Von der ältesten, einst über ganz Südostasien verbreiteten

Tapire sind erdgeschichtlich sehr alte Tiere und werden deshalb »lebende Fossilien« genannt. Vier Tapirarten leben auf der Welt, drei davon in Mittel- und Südamerika. Sämtliche Arten sind vom Aussterben bedroht.

*Die **Nashorn-Jagd** auf das gewaltige Tier (links) war selbst mit leichter Bewaffnung, also ohne Feuerwaffen, für die Menschen zu schaffen – das zeigt diese Illustration aus einer Pariser Zeitung der Jahrhundertwende.*

Nashornart, dem Sumatra-Nashorn, existieren noch einige hundert Exemplare. Sie leben in kleinsten, durch große Distanzen voneinander getrennten und damit nicht untereinander fortpflanzungsfähigen Populationen. Vom Java-Nashorn zählte man Ende der 80er Jahre noch rund 50 Exemplare. Vom Großen Indischen Nashorn sind in Indien rund 2 000 Exemplare verblieben, in Nepal soll diese Art in den letzten 30 Jahren wieder leicht angewachsen sein – von 60 auf 400 Tiere. Vom Südafrikanischen Schwarz-Nashorn lebten vor 30 Jahren noch rund 100 000 Tiere, 3500 Tiere sind es heute. Allein in Kenia ist ihre Zahl in dieser Zeit von 20 000 auf 400 gesunken. Das Kap-Nashorn starb bereits 1850 aus.

50 000 Dollar für einen Schuß

Im südafrikanischen Nationalpark Pilanesberg wurde für das Weiße Nashorn eine Überlebenschance geschaffen. War diese Art um die Jahrhundertwende auf weltweit 50 Tiere gesunken und vom Aussterben bedroht, so leben heute in Pilanesberg rund 250 Weiße Nashörner. Der Park finanziert sich unter anderem damit, daß jährlich zwei Nashörner zum Abschuß freigegeben werden. Eine Lizenz kostet 50 000 Dollar.

SÄUGETIERE

Hirsche – Nahrungsgrundlage der Menschen

Hirsche sind fast über die ganze Erde verbreitet – vom kalten Polarkreis bis in das tropische Klima der Regenwälder. Nur im südlichen Afrika, in Australien und Polynesien findet sich keine Hirschart. Weltweit sind die Bestände der insgesamt rund 30 verschiedenen Hirscharten aus drei Gründen zurückgegangen: Ihre Lebensräume gehen verloren, Hirsche gelten seit Jahrtausenden als wichtige Nahrungsquelle der Menschen und schließlich tragen bis auf das Wasserreh und das Moschustier alle männlichen Vertreter der Hirsche Geweihe – eine beliebte Jagdtrophäe.

Die Großwildjagd, der auch Huftiere wie – je nach Kontinent – Hirsche, Gnus, Antilopen, Gazellen und Giraffen zum Opfer fielen, gehörte weltweit zum »guten Ton« und zum beliebten Freizeitsport der überall vordringenden europäischen Eroberer. Berufsjäger schossen zudem unzählige Tiere ab, um ihre »Produkte«, z.B. Felle, zu verkaufen. Die Einheimischen und die neuen Siedler taten das ihre dazu, indem sie ihr Ackerland durch Abschüsse vor den vermeintlichen Schädlingen und Nahrungskonkurrenten zu schützen versuchten. Schon Mitte des vergangenen Jahrhunderts waren so zahlreiche Hirschpopulationen ausgestorben. Als ausgestorben oder vom Aussterben bedroht, gelten zum Beispiel der Bhutan-Rothirsch, der Jarkand-Rothirsch und der Mandschurische Sikahirsch, der Bawean-Schweinshirsch, der Sumpfhirsch, der Pampashirsch sowie der Nord- und der Südandenhirsch.

Tradition gefährdet Stoffkreislauf

In Nordkenia haben sich Einheimische auf die Tradition rückbesonnen, ihre Milch in Gefäßen aus Giraffenhaut zu transportieren. Giraffen aber sind für den Stoffkreislauf in der Savanne notwendig – genauer gesagt: ihr Kot. Giraffen fressen die Blätter der Bäume. Die Bäume holen Nährstoffe aus Bodentiefen, in die die Wurzeln der Gräser nicht hinabreichen. Giraffen liefern diese Nährsalze durch ihren Kot an die Savannengräser weiter. Wo Giraffen fehlen, gibt es für Rinderherden weniger zu grasen.

Die Böcke – wie dieser *Südafrikanische Springbock* – haben von jeher zahlreiche natürliche Feinde. Sie teilen ihre Lebensräume zum Beispiel mit Raubkatzen. Diese natürliche Auslese gefährdete aber ihren Bestand nie. Erst durch die Verwüstung sind sie gefährdet.

HIRSCHE

Viele Touristinnen und Touristen kaufen bedenkenlos Urlaubsandenken aus Tierprodukten. So wurden **Zebras,** von denen früher große Herden im afrikanischen Kenia lebten, fast ausgerottet. Aus ihrem schönen Fell wurden zahlreiche Produkte für kaufwütige Reisende hergestellt.

Überleben in Wüsten und Halbwüsten

Lebensraum zahlreicher Huftiere sind die Wüsten und Halbwüsten dieser Erde. In diesen kargen Regionen sind Gras- und Baumbestände selten – und sie werden immer seltener. So verschwinden etwa in Afrika Jahr für Jahr südlich der Sahara 50 km wertvolles Grasland – die Nahrungsgrundlage für die vegetarisch lebenden Paarhufer wie Antilopen und Gazellen.

Der Grund: Die Konkurrenz zwischen der wachsenden Zahl der Menschen und den wild lebenden Tieren steigt. Die Armut zwingt die dort lebenden Nomadenvölker und Stämme dazu, ihr Zuchtvieh das wenige Grün überweiden zu lassen und auf den kargen Böden Ackerbau zu treiben. Dafür werden die wenigen Graslandregionen zerstört, um auf dem vermeintlich fruchtbaren Boden Kulturpflanzen anzubauen. Doch die Böden werden so ihrer letzten Fruchtbarkeit beraubt. Das Land ist verwüstet. In der Folge müssen die Hirtenvölker und Bauern weiterziehen und neue Graslandgebiete suchen. Doch ohne Pflanzenbewuchs sinkt auch der Niederschlag – ohne Niederschlag ist ein Wachstum neuer Pflanzen nicht möglich.

Dieser fortschreitenden Verwüstung, Desertifikation, fallen nicht nur die dort lebenden Menschen sondern auch eine ehemals reiche Tierwelt zum Opfer.

Ausrottung als Kriegsfolge

Viele Tiere Afrikas sind nur noch in kleinen Arealen ihrer ursprünglich großen Verbreitungsgebiete zu finden. Alte Felszeichnungen geben einen Hinweis darauf, daß der Kontinent in früheren Zeiten einen unermeßlichen Tierreichtum besaß. Diese Tierwelt ist nicht nur durch Bejagung, sondern auch durch die zahlreichen Kämpfe vermindert worden, die im Lauf der Kolonialisierung auf dem Kontinent tobten. Das Ende der Kolonialisierung brachte weitere Kriege um neu entstehende Staaten mit sich, denen ebenfalls zahlreiche Tiere zum Opfer fielen.

Einem sehr frühen Fall von konsequentem Tierschutz verdanken die **Alpensteinböcke** (Bild unten) ihr Überleben. Aus dem Gehörn männlicher Alpensteinböcke – aber auch aus anderen Körperteilen und dem Mageninhalt – wurden im 15. und 16. Jahrhundert Wundermittel hergestellt. Das Tier wurde dadurch bis auf wenige Exemplare ausgerottet. Erst als Anfang des 19. Jahrhunderts der König von Piemont zahlreiche königliche Forstbeamte zum Schutz der wenigen verbliebenen Steinböcke abkommandierte, konnte sich das Tier wieder vermehren.

Die in Nordamerika heimischen **Grizzlybären** (links), auch Graubären genannt, sind verdrängt und so stark bejagt worden, daß sie vom Aussterben bedroht sind. Mit Bärenfallen gingen die weißen Siedler bald nach der Besiedlung des Kontinents auf die Jagd nach den begehrten Fellen.

Die **Großen Pandas** werden – wegen ihrer sehr einseitigen Ernährung – auch Bambusbären genannt.

Die Verehrung der Bären

Bären haben in der Geschichte der Menschen eine besondere Rolle gespielt. Schon die Frühmenschen erlegten etwa Braun-, Brillen- und Grizzlybären, die neben Fleisch auch wärmende Felle als Körperbekleidung und Fett lieferten. Im Winter, wenn die Menschen wenig Eßbares fanden, durchsuchten sie die Höhlen nach Bären, die Winterschlaf hielten. Die Überreste der getöteten Bären wurden von den Menschen sorgfältig begraben. Die Menschen glaubten, daß aus liebevoll begrabenen Bären wieder neue Bären erstehen würden. Diese sehr alte Verehrung der Bären ist heute noch bei einigen nordamerikanischen Indianerstämmen in Form von Totemtieren oder im Glauben an die »Große Bärin« als Stammesmutter zu finden.

Ohne Wälder kein Lebensraum

Die Verdrängung und Ausrottung dieser Wildtiere setzte erst mit der immer dichter werdenden Besiedlung durch die Menschen ein. Langsam verschwanden die dichten Wälder, die große Teile der Kontinente bedeckten. Damit ging der Lebensraum der Bären zugunsten der für den Ackerbau geschaffenen Anbauflächen verloren. Diese Umwandlung der Natur- in Kulturlandschaften fand ihren Höhepunkt in der Zeit vom neunten bis zum elften Jahrhundert. Bären wurden von den Menschen in den kommenden Jahrhunderten als beliebtes Jagdobjekt gesehen und als Schädlinge bekämpft. Deshalb wurden sie massenhaft getötet, bis sie nach und nach in allen Gegenden ausgerottet waren. In Mitteleuropa waren die in diesem Gebiet vorkommenden Braunbären Ende des 18. Jahrhunderts so gut wie ausgerottet. Sie kommen heute im europäischen Raum mit sehr

Gebirgswälder sind die Heimat der Pandabären

Die Kleinen Pandas oder Katzenbären kommen mit nicht viel mehr als hundert Tieren noch in den Gebirgswäldern Hinterindiens und des östlichen Himalayas vor. Doch die Armut in den Ländern zwingt die dort lebenden Menschen, die Gebirgswälder abzuholzen. Bestand etwa das Staatsgebiet Nepals noch in den 50er Jahren zu mehr als der Hälfte aus Wäldern, so sind es heute gerade noch ein Fünftel. Die Folgen sind nicht nur für die ehemals reiche Tierwelt verheerend.

wenigen Exemplaren noch in den Alpen, in Finnland, Rußland, in den Karpaten und auf dem Balkan vor. Fast ausgestorben ist auch der nordamerikanische Grizzlybär. Nach wie vor gejagt wird der amerikanische Schwarzbär. Seine Pfoten und Gallenblasen kosten 5000 Dollar und werden in Ostasien mit ungleich höheren Summen als Medizin verkauft.

Der Panda und seine traurige Berühmtheit
Eine eigene Raubtierfamilie bilden die Kleinbären. Die berühmteste Art sind die Großen Pandas oder Riesenpandas, das Symboltier für Umweltschutz. Das Wappentier der weltgrößten Umweltschutzorganisation WWF (World Wide Fund for Nature) lebt in China. Von ihnen gibt es schätzungsweise noch 800 bis 1000 freilebende Tiere, die verteilt auf zwölf Schutzzonen leben. Ein Großer Panda benötigt täglich zwanzig Kilogramm Bambussprossen als Futter, die sie in den Reservaten kaum finden, da diese Gebiete durch das Abschlagen von Bambus ständig verkleinert wurden. Deswegen sind zahlreiche Bären bereits verhungert. Hinzu kommt, daß zwischen diesen Reservaten kein Wechsel möglich ist. So ist es für Männchen und Weibchen schwierig, zueinander zu kommen – das gibt wenig Nachwuchs. Seit 1939 unterliegen die Großen Pandas Schutzgesetzen. Trotzdem ist es der chinesischen Regierung nicht möglich, den Handel mit den Tieren oder mit ihren Fellen zu stoppen – obwohl für den Schmuggel die Todesstrafe angedroht wird.

Blühender Bambus bringt Hungersnot
Alle 70 bis 100 Jahre blüht der Bambus – dann wird es für die Pandas schwierig, Futter zu finden. Denn vor der Blüte fallen alle Blätter ab – die einzige Nahrung der Pandas.

*In den Alpen leben – auf italienischem Gebiet – noch so viele **Braunbären**, daß sie an einer Hand abgezählt werden könnten. Ihre Population soll mit Hilfe anderer europäischer Braunbären erweitert werden. Das heißt: Die Weibchen sollen von fremden Braunbären trächtig werden.*

Eisbären sind keine Menschenfresser

Eisbären kommen nur in der arktischen Region der nördlichen Erdhalbkugel vor. Sie bewohnen ein Gebiet von der Größe Europas. In den 60er Jahren schlugen Forscher und Forscherinnen Alarm: Sie schätzten die Zahl der in Freiheit lebenden Tiere auf nur noch etwa 10 000. Das machte deutlich: Auch diese Raubtiere sind vom Aussterben bedroht. Der Grund dafür war – wie bei allen Großbären – ihre früh einsetzende, gnadenlose Bejagung. Vor etwa 300 Jahren entdeckten die Wal- und Robbenfänger diese Bären als abwechslungsreiche Speise zu Fischen. Auf der Jagd nach dem wertvollen Tran der Meerestiere töteten die Jäger – sozusagen nebenbei – Eisbären. Bald änderte sich der Grund für das Töten: Die Eisbären kamen in den Ruf, Menschenfresser zu sein, gegen die es sich zu wehren galt. Vor allem aber waren die Eisbären direkte Konkurrenten der Robbenjäger. Besteht doch ihre winterliche Hauptnahrung aus Robben.

Eisbärenjagd statt Walfang

Schließlich entdeckten die Wal- und Robbenfänger, daß auch Eisbären große Mengen des wertvollen Rohstoffs Tran liefern. Mit dieser Erkenntnis begann die systematische Verfolgung. Zu Hilfe kam den Jägern dabei die Einführung wirksamer Feuerwaffen. Das Geschäft mit den Fellen der Eisbären brachte zudem große Gewinne. Die wasserundurchlässigen, zottigen Felle der Bären wurden zur Modeerscheinung. Sie dienten den Reichen als Teppiche in ihren kühlen Bürgerhäusern und Schlössern. Mitte des 19. Jahrhunderts waren die Eisbären, die einst in großen Zahlen vorgekommen waren, – nach einem Zeitraum der Bejagung von nur rund 50 Jahren – im Norden des nordamerikanischen Kontinents ausgerottet.

Lebensraum Arktis

Als Arktis bezeichnet man das Meeresbecken rund um den Nordpol. Die Landfläche der Arktis wird seit dem 16. Jahrhundert wissenschaftlich erforscht und teilweise besiedelt. Heute teilen sich fünf Staaten das Gebiet auf: Kanada, die USA, Grönland, Norwegen und Rußland. Da fast alle Inseln von bis zu 3000 m dicken Eisschollen bedeckt sind, kann nur ein Bruchteil des Landes auf Island und Südwestgrönland landwirtschaftlich genutzt werden. Die Ureinwohner lebten früher hauptsächlich von der Jagd und vom Fischfang. In neuerer Zeit wurden wertvolle Bodenschätze entdeckt, für deren Abbau größere Siedlungen angelegt wurden.

*Das Überleben in der Eiswüste um den Nordpol ist nur wenigen Tieren möglich. Zu ihnen gehören der **Polarfuchs** (links), der **Lemming** (oben), und der **Schneehase** (rechts).*

Über die Bestandszahlen der **Eisbären** gibt es keine genauen Angaben. In den 70er Jahren schätzte man ihre Zahl auf etwa 20000 Exemplare. Ihr Verbreitungsgebiet in der Arktis ist etwa so groß wie der europäische Kontinent – aber so unwirtlich, daß genauere Untersuchungen kaum möglich sind. Vertreter aller Staaten, in denen die Eisbären leben, treffen sich seit 1973, um Schutzmaßnahmen für die Tiere abzusprechen. Ihre Bestandszahlen sollen wieder angestiegen sein.

Immer mehr Touristen reisten ins ewige Eis, die sich den zweifelhaften Sport des Eisbärschießens eine Menge Geld kosten ließen. Nachdem in den 60er Jahren deutlich wurde, daß die Tiere vom Aussterben bedroht waren, verboten Anfang der 70er Jahre die damalige Sowjetunion und Norwegen die Eisbärjagd.
In den USA war es nur noch den Eingeborenen erlaubt, Eisbären für ihren Lebensbedarf zu erlegen. Kanada und Grönland jedoch waren mehr an den Einnahmen für die Jagderlaubnis interessiert als am Schutz der Tiere – doch die Abschußquoten wurden niedrig gehalten und die hohen Prämien schreckten viele Hobbyjäger ab. Der Bestand an Eisbären nahm wieder zu.

Raubbau am ewigen Eis

Der Tierwelt der Arktis aber drohen immer neue Gefahren. So wurden in neuerer Zeit wertvolle Bodenschätze entdeckt, für deren Abbau größere Siedlungen angelegt wurden. Dieser Eingriff der Menschen in die leicht aus dem Gleichgewicht zu bringende Natur des ewigen Eises zeigt schon erste Spuren.
Deutlich spürbar sind auch die Folgen durch die Verschmutzung der Weltmeere, die sich direkt auf das Leben der Eisbären auswirken. So ist ihre Fruchtbarkeit dramatisch zurückgegangen. Schuld daran ist die hohe Konzentration an Umweltgiften in den Organen der Bären. Die Gifte stammen aus der Hauptbeute der Eisbären, von den Robben, die durch die Verschmutzung der Nordsee extrem viel Gift aufnehmen. Zur Jahreswende 1991/1992 waren nur drei von zehn Eisbärweibchen trächtig – normalerweise sind es acht von zehn.

Die ersten **Expeditionen** zur Erforschung der Arktis blieben für den Eisbärenbestand nicht ohne Folgen. Auch die Expeditionsteilnehmer schossen zahlreiche Tiere ab. Als erster Mensch erreichte F.A. Cook 1908 den Nordpol.

Das grausame Schlachten der Robben

Die Ausrottung der Robben oder Seehunde durch die Menschen begann vor fast 400 Jahren mit der europäischen Besiedlung des nordamerikanischen Kontinents. Robben lieferten ein wertvolles Produkt: Tran. Das Erschlagen junger Robben war ein einträgliches Geschäft und ungleich leichter als der Walfang oder die Walroßjagd. Bevorzugte Opfer der Robbenschlächter an der amerikanischen Atlantikküste waren die Kegelrobben, die mit immer präziseren Methoden gefangen und getötet wurden. Anfang dieses Jahrhunderts sank das Interesse an Tran. In der Industrie wurde verstärkt Erdöl eingesetzt.

Doch das Schlachten ging weiter. Diesmal wurden die Gemeinen Seerobben verfolgt. Zur Begründung hieß es, sie fräßen den Fischern die wertvollen Lachse weg. Tatsächlich waren die Lachsgründe überfischt worden. Immer wieder aber mußte und muß die Begründung, daß Robben Fische fressen, als Vorwand für das Robbentöten herhalten. So argumentierte jüngst der kanadische Fischerei-Minister, daß Sattelrobben zu viele Kabeljaus fressen und deswegen ein halbe Million Tiere im Jahr abgeschlachtet werden müßten.

Walroß

Walrösser sind eine Robbenart, die wegen ihrer zwei bis zu 1 m langen Stoßzähne verfolgt und nahezu ausgerottet wurde. Ihr Verbreitungsgebiet sind die arktischen Gewässer um Grönland und der Hudsonbai. Früher kam sie auch in den südlichen Regionen vor. Seit 1972 sind die Walrösser geschützt. Ihre Bestandszahlen haben sich erholt – und trotzdem sterben noch immer Populationen aus. Ihre Bejagung als Nahrung ist nur noch den Eskimos und anderen Anwohnern der arktischen Meere erlaubt. Verboten dagegen ist der Handel mit dem Elfenbein der Stoßzähneder etwa drei bis vier Meter langen Robbenart.

Nachdem die Jagd auf Robben, hier eine **Pelzrobbe,** endlich verboten wurde, sind die Robben von Viren und Giften bedroht.

Mit Knüppeln gegen Robbenbabys

Robben wurden auch wegen ihres Fells gejagt und getötet – vorzugsweise bis zu zwei Wochen alte Sattelrobben, deren Fell noch weiß war. Das Töten ist einfach – und grausam. Die Robbenjungen liegen mit ihren Müttern an den Geburtsstränden. Wenn die Jäger kommen, können zwar die ausgewachsenen Robben ins Wasser flüchten, nicht aber die Jungen. Die Jäger schlagen den Robben mit einem Knüppel den Schädel ein. Sie schießen nicht, um den wertvollen Pelz nicht mit einem Einschußloch zu zerstören.

Schlächter unterwegs

Kanada und Norwegen überhörten lange Zeit die internationalen Proteste gegen das Robbenschlachten. An der Ostküste Kanadas wurden beispielsweise im Jahr 1951 rund 450 000 Robben getötet.

Die kleinen, weißen **Robben** (links) können durch einen einfachen Trick gerettet werden: Ihr Fell muß für die Jäger unbrauchbar gemacht werden. Deswegen hat die Umweltschutzgruppe Greenpeace in früheren Aktionen die Tiere mit einem harmlosen Farbspray eingesprüht und sie so vor den Schlächtern bewahrt.

Erst in den 60er Jahren wurde das Massentöten der Robben international bekannt gemacht und von den meisten Menschen mit Abscheu verurteilt. 1983 verhängte die Europäische Gemeinschaft ein unbefristetes Einfuhrverbot von Seehundprodukten, der Schweizer Pelzfachverband übte freiwilligen Verzicht. Die Massentötungen waren aus finanzieller Sicht unattraktiv geworden.
Die Robbenbestände sind durch das Töten der Jungen an den wichtigsten Jagdgebieten von neun auf drei Millionen Robben gesunken.

Massensterben durch einen Virus

Das Jahr 1988 wurde wieder zu einem Jahr des Massensterbens – für die Gemeinen Seehunde. 18 000 verendete Robben wurden in diesem Jahr an die Strände der Nordseeanrainerstaaten Niederlande, Schweden, Norwegen, Deutschland und des Baltikums geschwemmt. Nur wenige Robbenpopulationen blieben verschont. Die übrigen waren an einem sich ausbreitenden Virus erkrankt oder gestorben. Die Robben hatten nicht genug Abwehrkräfte gegen diesen Virus. Da sie am Ende der Nahrungskette stehen, haben sie mit ihrem Futter hochkonzentrierte Schadstoffe wie etwa PCB aufgenommen. Die PCB-verseuchten Körper können nicht ausreichend wichtige körpereigene Wirkstoffe, die Hormone, und Vitamin A entwickeln und speichern. Diese Stoffe hätten sie weniger anfällig für den Virus gemacht.

In mehreren Staaten wurden zur Rettung der Robbenpopulationen sogenannte **Robbenstationen** (unten) eingerichtet. Hier werden auch die Heuler – kleine Robbenjunge, die von ihren Müttern verlassen wurden – aufgezogen.

Die Großkatzen – Opfer ihrer Schönheit

Die Großkatzen – Schneeleoparden, Leoparden, Jaguare, Löwen und Tiger – zeichnen sich durch die schöne Musterung ihrer Felle aus. Genau diese Schönheit aber machte sie zu Opfern der Menschen. Wegen ihrer Felle wurden sie bis an den Rand der Ausrottung bejagt. So leben vom Schneeleoparden in Pakistan noch etwa 100 Tiere auf freier Wildbahn, die Zahl der Tiger wird auf höchstens 5000 geschätzt, Leoparden- und Jaguarzahlen sind unbekannt – und sie schrumpfen noch immer durch Wilderer.

Der König der Tiere stirbt

Der Tiger, die größte aller Wildkatzen, kommt auf dem Indischen Subkontinent, auf Inseln, in Indonesien, in Zentralasien und Sibirien vor. Tiger bevorzugen feuchte Gebiete, Dschungel und Urwälder – und sie brauchen außerordentlich große Reviere: rund 50 km². Die Tiger haben neben Rudeln von Rotwölfen nur einen einzigen Feind: den Menschen. Die Ausrottung der Tiger begann mit dem Wunsch der dort lebenden Menschen, Ackerland zu erschließen. Der Waldrodung – also der Zerstörung des Lebensraumes der Tiger – ging jeweils die Verfolgung und Vertreibung des Wildbestandes voran.

Das Geschäft, die Tiger – besonders die Königstiger – zu töten, machten allerdings häufig andere: die Offiziere der britischen Armee, die Indien als Kolonie besetzt hatten. Als sie 1947 das Land verließen, hatten noch etwa 40 000 bis 70 000 Tiger überlebt. Doch für die Tiger bedeutete der Abzug der Briten keine Erholung der Bestände. Nun schossen die Einheimischen die Tiere ab, die sich über die Zuchttiere der Bauern hermachten. Für das Fell eines Tigers wurden hohe Preise gezahlt. Erst 1970 verbot die indische Regierung die Ausfuhr von Tigerfellen, der Tiger wurde zur bedrohten Tierart erklärt. 1972 wurde in Indien die erste genaue Zählung der Tiger vom WWF (damals noch World Wildlife Fund, heute Worldwide Fund for Nature) durchgeführt. Das Ergebnis: Nur 1827 Tiger haben das Gemetzel überlebt. Hinzu kamen nach Schätzungen noch einmal rund 350 Tiger in den Nachbarstaaten Bangladesch und Nepal.

Der Löwe brüllt nicht mehr

Die am stärksten vom Aussterben bedrohte Art der Löwen ist der Asiatische (oder Indische) Löwe. Nach jahrhundertelanger Verfolgung zählte man gegen Ende des letzten Jahrhunderts von diesen Tieren gerade noch 100 Exemplare. Schließlich wurden sie 1900 unter gesetzlichen Schutz gestellt. Bis in die 50er Jahre erholte sich der Bestand langsam. Doch dann besiedelten Menschen das Verbreitungsgebiet der Löwen. Um sich gegen die Raubkatzen zu schützen

*Zum Schutz der **Tiger** wurden in Indien große Schutzgebiete und Reservate geschaffen, in denen sich die Bestände jedoch nur langsam erholen.*

Die registrierten Felle

Seit Juni 1992 schreibt ein Gesetz in Italien vor, Kleidung und andere Luxusartikel aus Fellen oder Häuten von bedrohten Tierarten polizeilich anzumelden. Wer sich mit einem nicht registrierten Stück erwischen läßt, riskiert Geldbußen bis zu umgerechnet 500 000 DM oder Haftstrafen.

und sie als Nahrungskonkurrenten auszuschalten, vergifteten die Siedler die Tiere, so daß der Bestand wieder bedrohlich absank. Erst als die Löwen geschützt wurden, konnte sich der Bestand bis Anfang der 70er Jahre wieder auf den Stand der Jahrhundertwende, also auf 200 Tiere, einpendeln. Ebenso viele Löwen leben in den Zoologischen Gärten der Welt.

Der edle Mantel kostet sechs Tiere das Leben

Für einen Mantel aus Leopardenfell müssen sechs Tiere ihr Leben lassen. Deswegen wurden die Leoparden, die früher in großen Zahlen auf dem afrikanischen Kontinent lebten, beinahe ausgerottet. Sie wurden 1973 in Anhang I der CITES-Convention aufgenommen. Seitdem haben sie diesen Status beibehalten, ihre Populationen sind wieder angewachsen. Daher beschloß die Konferenz 1983, in einigen afrikanischen Ländern eine beschränkte Jagdquote für Sportjäger zum Abschuß freizugeben. Die Einnahmen aus den Abschußlizenzen werden für den Naturschutz eingesetzt.

ICH KÜSSE KEINE FRAU MIT PELZ
Uwe Ochsenknecht

Es geht auch ohne Pelzmantel

Nachdem bekannt wurde, wie gnadenlos die Raubkatzen wegen ihrer Felle bejagt wurden, gab es internationale Proteste. Der Umsatz an edlen Pelzen ging stark zurück. Wütende Tierschützer besprühten Pelzmäntel uneinsichtiger Pelzfans mit Farbe, so daß die Pelze unbrauchbar wurden. Plakataktionen (Bild oben) wurden gestartet. Doch die Industrie kam auf eine neue Idee: Statt der Naturpelze werden jetzt häufig täuschend ähnliche Kunstpelze verkauft.

Obwohl **Leoparden** *sich sehr gut den jeweiligen Lebensbedingungen anpassen können – und deswegen in den verschiedensten Lebensräumen zurechtkommen – sind viele Arten bedroht.*

Marder – Jäger und Gejagte

Raubtiere sind auch die Marder, zu denen die Wieselartigen, die Honigdachse, die Dachse, die Skunks und die Otter zählen. Weltweit gibt es 70 verschiedene Marderarten. Allen Mardern gemeinsam ist der Instinkt, mehr Tiere zu töten, als sie fressen können. Sie machen Jagd auf kleinere Nagetiere wie Mäuse und Ratten und sind damit in gewisser Weise nützlich für die Menschen. Trotzdem wurden sie selbst als Schädlinge – als Nahrungskonkurrenten – hart verfolgt. Marder dringen nämlich zum Beispiel in Hühnerställe ein und richten dort regelrechte Blutbäder an, indem sie viele oder alle Hühner töten.

Der Felle wegen bejagt

Die Marder wurden auch aus einem anderen Grund stark bejagt: Die Felle vieler Arten waren sehr begehrt. So gehörte das Fell des Hermelin, einer Wieselart, zu den Kostbarkeiten, derer sich die Menschen bedienten. Zahlreiche gekrönte Häupter trugen die weißen Hermelinmäntel. Das weiße Fell trägt der Hermelin nur im Winter – als Tarnfarbe im Schnee. Im Sommer ist das Fell braun.

*Die **Skunks** oder Stinktiere haben neben den Menschen auch in der Natur Feinde: Greifvögel. Diese lassen sich von dem Gestank, den die Skunks versprühen, nicht beeindrucken, denn sie haben einen schlechten Geruchssinn.*

*Die Heimat der **Schwarzfußiltisse** ist Nordamerika, wo sie früher die großen Prärien und die Hänge der Rocky Mountains bewohnten. Die Iltisse wurde zu indirekten Opfern von Gifteinsatz gegen Präriehunde. Die Hunde wurden von den Farmern als Schädlinge gesehen und mit Masseneinsatz von Giften getötet. Da die Präriehunde eine beliebte Nahrung der Schwarzfußiltisse waren, wurden viele Iltisse durch ihre giftverseuchten Opfer ebenfalls vergiftet.*

Der Fischotter wurde wegen seines außergewöhnlichen Fells gejagt. Dieses Fell ist dichter als andere Felle. Es ist wasserundurchlässig und wirkt quasi wie ein Regenmantel.

Einer ähnlichen Jagd auf den Tierräuber – als Fischräuber – und als Pelzlieferant fielen auch unzählige Nerze zum Opfer. Die Wassertiere haben, hellbraunes oder bis in schwarz gehendes Fell. Am beliebtesten – und am teuersten – ist das weiße Nerzfell. Die Jagd war so drastisch, daß heute in der freien Natur keine Nerze mehr vorkommen. Weiterhin aber wird ihr Fell von Menschen geschätzt – und deswegen werden die Tiere in Nerzfarmen gezüchtet.

Gestank macht Felle unbrauchbar
Wenig Chancen hatten auch die Skunks oder Stinktiere. Ihren Namen erhielten sie, weil sie sich gegen natürliche Feinde wehren, indem sie sie mit einer übelriechenden Flüssigkeit aus zwei am Hinterteil sitzenden Drüsen besprühen. Im Gegenteil zu den Iltissen hat ihnen dieser Gestank nicht die Verfolgung durch die Menschen erspart. Ihre Verwandten, die Iltisse, können ebenso eine Gestankwolke verbreiten. Sie haben allerdings das Glück, daß dieser Geruch nicht mehr aus dem Fell verschwindet – und die Felle damit für die Pelzverarbeitung unbrauchbar sind.

Der Otter – vom Aussterben bedroht
Als »unmittelbar vom Aussterben bedroht« werden die einheimischen Otter, auch Fischotter, eingestuft. Auch sie teilen die Eigenart, mehr Tiere zu töten, als sie fressen können. Ihre Nahrung besteht aus Fischen. So kann ein Fischotter in Anglergründen oder in Fischteichen ähnliche Blutbäder anrichten wie seine landlebenden Verwandten.
Deswegen und wegen seines schönen Fells ist der Otter ebenfalls gejagt worden. Seine Bestände haben sich aber auch aus einem anderen Grund deutlich verkleinert: Die Tiere brauchen als Lebensgrundlage gesunde, naturnahe, fließende oder stehende Gewässer – eine Seltenheit in Mitteleuropa.

Das Leben unter Menschen

Die bei uns lebenden Marder – Steinmarder, Hausmarder, Baummarder und Kleines und Großes Wiesel sowie der Iltis – sind sämtlich geschützt und unterliegen dem Jagdrecht. In der Roten Liste, in der die vom Aussterben bedrohte Tierarten aufgelistet sind, jedoch sind sie nicht eingetragen. Ausgestorben sind neben dem Nerz auch der Zobel. Die dämmerungs- und nachtaktiven Marder leben sehr unterschiedlich. Einige von ihnen haben sich an das Leben in menschlichen Siedlungen angepaßt, leben in Häusern oder Gärten, in Schuppen und Scheunen. Immer wieder kommt es vor, daß Marder an geparkten Autos die Kabel und Gummiteile durchbeißen. Der Grund dafür ist noch nicht erforscht. Jedoch machen sich diese sogenannten Automarder damit als Stadtbewohner äußerst unbeliebt.

SÄUGETIERE

Reiche Länder holzen Lebensräume ab

Der Lebensraum der Affen und Halbaffen sind die tropischen Regenwälder. Diese wertvollen immergrünen und immerfeuchten Ökosysteme bedecken große Teile Mittel- und Südamerikas, Zentralafrikas, Südostasiens und Nordaustraliens. Sie umfassen knapp zehn Prozent des Festlandes und erstrecken sich um den Äquator, wo Niederschläge und Temperaturen gleichmäßig hoch sind. Außerdem sorgen die Pflanzen für ein stabiles Klima, indem sie Kohlendioxid aufnehmen und in Sauerstoff umwandeln. Damit verhindern sie eine Aufheizung der Atmosphäre und wirken dem Treibhauseffekt entgegen. In ihnen leben mindestens die Hälfte – wenn nicht gar zwei Drittel – aller Tier- und Pflanzenarten, schätzungsweise 1,7 Mio. So sind beispielsweise allein 600 Kolibriarten, 1500 verschiedene Süßwasserfische und 80 Froscharten bekannt.

Doch dieser Lebensraum, in dem auch die Affen und Halbaffen leben, verschwindet. Etwa die Hälfte der Regenwälder wurde bereits zerstört. Jahr für Jahr geht eine Fläche Regenwald von der Größe der Bundesrepublik verloren. Mit dem Wald verschwinden täglich schätzungsweise 100 Tier- und Pflanzenarten.

Sollte diese Entwicklung in gleicher Härte weitergehen, wird es in 30 Jahren keine Regenwälder mehr geben. Diese Art der Wälder kann nicht so leicht wieder aufgeforstet werden wie die Wälder der mittleren Breiten, denn die starken Regenfälle würden die jungen Anpflanzungen wegspülen.

*Der Lebensraum des **Kapuzineraffen**, der tropische Regenwald, wird von Menschen durch starkes Abholzen bedroht.*

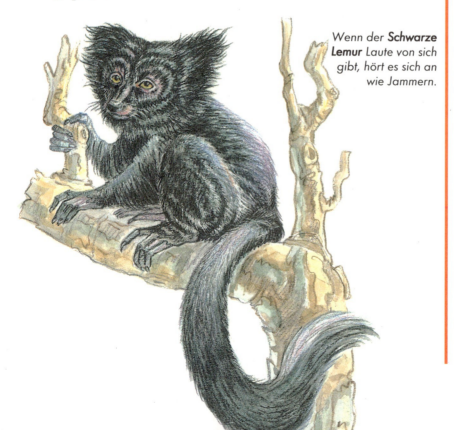

*Wenn der **Schwarze Lemur** Laute von sich gibt, hört es sich an wie Jammern.*

Das Aussterben der Geister

Die Makis – wie der Schwarze Lemur (Bild links) – sind nur auf Madagaskar zu finden. Die Tiere haben den Namen »Lemuren« – ebenso wie die Geister im Alten Rom, deren angebliches Gejammere die Menschen fürchteten. Die Geräusche, die diese Affen von sich geben, klingen wie Jammerlaute.

Große Teile des Lebensraums dieser Affen – die feuchten Waldregionen Madagaskars – wurden von den Einheimischen abgeholzt, um Siedlungen, Kakao-Plantagen und Getreidefelder anzulegen. Die Lemuren stellten sich darauf ein und fraßen statt der üblichen Pflanzen fortan die angebauten Früchte ab. Deswegen wurden die Tiere stark verfolgt und in vielen Gebieten ausgerottet.

*Das Verbreitungsgebiet des **Goldgelben Löwenäffchens** liegt in einer der bevölkerungsreichsten Gegend der Erde: im brasilianischen Staat Rio de Janeiro. Die ursprünglichen Küstenwälder mußten der Ausbreitung der menschlichen Siedlungen weichen, so daß der Lebensraum des Äffchens heute auf nur 900 km² geschrumpft ist. Das drohende Aussterben dieser Tiere wurde in den 60er, 70er und 80er Jahren sehr deutlich. Ende der 60er Jahre lebten noch 600 Exemplare in freier Wildbahn, Anfang der 70er Jahre nur noch 400. 1980 war der Bestand auf 100 Tiere gefallen. Einige Tiere wurden daraufhin in Gefangenschaft genommen und zur Aufzucht neuer Populationen genutzt. 1984 schließlich konnten die ersten Tiere ausgesetzt werden. Ende der 80er Jahre hatte sich die Zahl der Goldgelben Löwenäffchen weltweit wieder auf 500 Tiere gesteigert.*

Die Armut der Menschen vertreibt die Tiere

Die ursprünglich artenreichen Gebiete werden von landarmen Bauern als Anbauflächen genutzt und innerhalb kurzer Zeit ausgelaugt. Die Menschen, die in diesen armen Ländern leben, kämpfen um ihr Überleben. Ihre Armut läßt kein echtes Interesse am Erhalt der Tierwelt zu. So gefährden beispielsweise in Ruanda die Überlebensinteressen der Einheimischen die Existenz der letzten 300 freilebenden Berggorillas. Die Tiere leben in einem Schutzgebiet, das von den Menschen aus nackter Armut dringend benötigt und deswegen zerstört wird.

Die Holzindustrie hat mit dem Einsatz modernster Maschinen inzwischen Gebiete erobert, die lange Zeit als unzugänglich und nutzlos galten.

Die betroffenen Tropenwald-Länder stecken in einer Zwickmühle. Sie sind zu arm, um wegen des Naturschutzes auf das Geld der Holzindustrie verzichten zu können. So wird etwa der tropische Bergwald der südostasiatischen Inseln Borneo und Sumatra abgeholzt – und damit der einzige Lebensraum der noch in freier Wildbahn lebenden rund 2100 Orang-Utans zerstört. Diese Tiere sind ohnehin einer harten Verfolgung durch die Einheimischen ausgesetzt. Sie machen aus kultischen Gründen Jagd auf die Orang-Utans, die »Waldmenschen« wie sie sie nennen, und haben sich damit einen Ersatz für die streng verbotene Kopfjägerei geschaffen.

Ausgerottet durch Affenliebe

Affen und Halbaffen leben zahlreich in Zoologischen Tiergärten und Tierparks. Doch unter welchen Umständen sie, ihre Vorfahren – aber auch zahlreiche Tiere anderer Tierarten – zum Teil dorthingelangen, ist nur wenigen Menschen bekannt. Um ein Tier einzufangen und gesund bis an sein Ziel zu transportieren, müssen häufig mehrere andere Tiere dieser Art sterben. So gilt es für die Affenjäger, die sprichwörtliche Affenliebe der Affenmütter auszuschalten, wenn sie eines der besser verkäuflichen Affenjungen fangen wol-

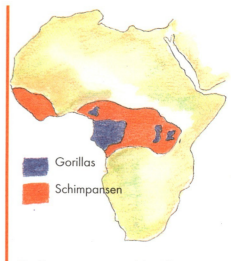

Gorillas sind die größten Menschenaffen. Sie leben in Familienverbänden zusammen. Anführer ist das bis zu 2 m große und bis zu 300 kg schwere Männchen.

*Die Karte zeigt, wo welche Affenarten in Afrika vorkommen – aber gibt keinen keinen Hinweis darauf, welche **Bestandszahlen** die Affenpopulationen in diesen Regionen noch aufweisen.*

Gorilla

len. Mit jedem geschlechtsreifen Affenweibchen aber, das auf diese Weise umkommt, sinken die Bestandsmöglichkeiten kleinerer Affenpopulationen. Nicht jeder eingefangene Affe überlebt die Strapazen der Gefangenschaft und des oft langen, beschwerlichen Transportes an seinen Bestimmungsort. So schätzt man beispielsweise, daß für einen Schimpansen, der seinen Bestimmungsort erreicht, mindestens fünf weitere Schimpansenleben geopfert werden – und das, obwohl nach dem Washingtoner Artenschutzabkommen seit 1973 ein strenges Ausfuhrverbot für Schimpansen besteht.

Ihr Verhängnis: Verwandt mit den Menschen

Vor 100 Jahren lebten schätzungsweise noch rund eine Million Schimpansen in freier Wildbahn. Heute wird ihre Zahl mit rund 150000 angegeben. Der Rückgang dieser Affen, die kaum natürliche Feinde haben, hat mehrere Ursachen: 1) den Verlust ihres Lebensraumes, 2) die Bejagung durch die Einheimischen, die sie als Delikatesse verspeisten, 3) seine Beliebtheit als Attraktion in Tierparks und 4) ihre sehr große Ähnlichkeit mit den Menschen. Nur zwei von einhundert genetischen Informationen weichen von denen der Menschen ab. Diese Eigenschaft wurde von Forschern und Forscherinnen weidlich ausgenutzt. Sie ließen sich unter den oben beschriebenen Umständen Schimpansen besorgen und pferchten sich in Labors. Dort wurden an den Schimpansen Versuche unternommen, die der Menschheit angeblich zugute kommen sollten – etwa Versuche für Kosmetika. Ähnlich erging es den zahlenmäßig noch stärker vertretenen Rhesusaffen und Grünen Meerkatzen. Die aus Indien stammenden und dort als heilige Tiere verehrten Rhesusaffen wurden für wissenschaftliche Versuche verwendet. An den Grünen Meerkatzen wurden Arzneimittelversuche unternommen.

Die in den afrikanischen Wäldern lebenden **Grünen Meerkatzen** *haben das Pech, mit uns Menschen eng verwandt zu sein. Wissenschaftlerinnen und Wissenschaftler züchten die Tiere, um beispielsweise an ihnen Arzneimittel zu erproben, bevor diese Menschen verabreicht werden.*

Affen, wie hier **Schimpansen,** *sind wohl in allen Zoos der Welt zu sehen. Dort vermehren sie sich auch teilweise gut. Doch die Jagd auf Affen als beliebte Attraktionen im Zoo hat auch eine dunkle Seite: Viele Tiere sind den Affenjägern in den Heimatländern zum Opfer gefallen und haben ihr Ziel nie erreicht. Sie starben bei der Jagd oder an den Strapazen des Transports.*

Rote Liste

Die Vertragsstaaten des Washingtoner Abkommens richten sich bei ihren Einfuhrverboten oder -beschränkungen nach der sogenannten Roten Liste. Sie führt Tiere und Pflanzen auf, deren Überleben gefährdet ist. Im Anhang zu dem Vertrag werden drei Listen mit Tieren und Pflanzen aufgeführt. Die Liste des Anhang I zählt Tier- und Pflanzenarten auf, die kurz vor der weltweiten Ausrottung stehen. Der Handel mit solchen Arten ist nur in ganz besonderen Ausnahmefällen erlaubt. Anhang II erwähnt die Arten, die von Ausrottung bedroht sind, wenn der Handel mit ihnen ungehemmt weitergeht. Sie dürfen nur gehandelt werden, wenn dies die Herkunftsländer ausdrücklich erlauben. Im Anhang III findet sich eine ähnliche, abgeschwächtere Regelung. Tiere dieser Liste wurden von einem der Herkunftsländer als gefährdet erklärt. Andere Länder werden gebeten, den Handel mit solchen Tieren einzuschränken oder zu verbieten.

Vom Aussterben bedrohte europäische Tierarten, die in der »Roten Liste« der deutschen Artenschutzverordnung aufgeführt sind.

Säugetiere

Alpenspitzmaus
Baumschläfer
Biber
Birkenmaus
Fledermäuse
Kleinwühlmaus
Sumpfmaus
Wildnerz

Vögel

Alpen-Steinhuhn
Alpenstrandläufer
Andentaucher
Azoren-Gimpel
Bienenfresser
Birkenzeisig
Blaukehlchen
Blauracke
Blutspecht
Brachpieper
Brandseeschwalbe
Braunsichler
Bruchwasserläufer
Caucaguan
Chatham-Austernfischer
Doppelschnepfe
Dreizehenspecht
Drosselrohrsänger
Dünnschnabel-Brachvogel
Dünnschnabelmöwe
Eissturmvogel
Eistaucher
Eisvogel
Felsenhuhn
Felsenschwalbe
Fidji-Ralle
Flußseeschwalbe
Flußuferläufer
Geldschnabelsturmtaucher
Goldregenpfeifer
Grauer Ortolan
Grauspecht
Großer Brachvogel
Guam-Krähe

Halbringschnäpper
Halsbandschnäpper
Heidelerche
Kammbläßhuhn
Kampfläufer
Kanarenpieper
Kapregenpfeifer
Kapuzentaucher
Karmingimpel
Kleines Sumpfhuhn
Kongopfau
Korallenmöwe
Korsenkleiber
Kragenwachtel
Kurzzehenlerche
Küstenseeschwalbe
Lachseeschwalbe
Marmelente
Marquesafruchttaube
Mauritius-Weber
Mittelspecht
Mornellregenpfeifer
Mornellregenpfeifer
Nachtreiher
Neuntöter
Neuseeland-Stelzenläufer
Odinshühnchen
Ohrentaucher
Ortolan
Papageitaucher
Provencegrasmücke
Purpurbindentäubchen
Purpurhuhn
Purpurreiher
Rallenreiher
Raubseeschwalbe
Raubwürger
Rodriguezweber
Rohrdommel
Rohrschwirl
Rosapelikan
Rosenseeschwalbe
Rostgans
Rotdrossel
Rotflügel-Brachschwalbe
Rothalstaucher
Rothuhn
Rotkopfwürger
Rotschenkel
Rubinkehltangare
Säbelschnäbler
Sandflughuhn
Schwalbenmöwe
Schwarzflügel-Brachschwalbe

Schwarzhalstaucher
Schwarzkopfmöwe
Schwarzspecht
Schwarzstirnwürger
Seggenrohrsänger
Seidensänger
Seychellen-Drossel
Seychellen-Paradies schnäpper
Singschwan
Sperbergrasmücke
Spießflughuhn
Spornkiebitz
Steinrötel
Steinsperling
Steinwälzer
Stelzenläufer
Steppenhuhn
Sturmschwalbe
Takahe
Teichwasserläufer
Theklalerche
Tordalk
Trauerseeschwalbe
Triel
Trukbrillenvogel
Tümpelsumpfhuhn
Utila-Chachalaca
Wachtelkönig
Waldwasserläufer
Weibartseeschwalbe
Weißflügelseeschwalbe
Weißrückenspecht
Weißstorch
Wellenläufer
Wiedehopf
Zaunammer
Ziegenmelker
Zippammer
Zitronengirlitz
Zwergdommel
Zwerggans
Zwergscharbe
Zwergschnäpper
Zwergschnepfe
Zwergschwan
Zwergseeschwalbe
Zwergsumpfhuhn
Zwergtrappe

Kriechtiere

Ägäischer Nacktfingergecko
Äskulapnatter

Laubfrosch

Aspisviper
Balearen-Eidechse
Bergotter
Europäische Sumpfschildkröte
Hierro-Rieseneidechse
Hufeisennatter
Johannisechse
Kaukasus-Otter
Kreuzotter
Leopardnatter
Levante-Otter
Malta-Eidechse
Mauereidechse
Perleidechse
Ptyusen-Eidechse
Ruinen-Eidechse
Sandotter
Smaragdeidechse
Spanische Kieleidechse
Spanische Sumpfschildkröte
Stülpnasenotter
Vierstreifennatter
Wiesenotter
Würfelnatter
Zagros-Eidechse
Zwerg-Zauneidechse

Lurche

Balearenkröte
Brillensalamander
Geburtshelferkröte
Gelbbauchunke
Goldstreifensalamander
Grottenolm
Iberische Geburtshelferkröte
Italienischer Springfrosch
Kammolch
Knoblauchkröte

Kreuzkröte
Laubfrosch
Lyzischer Salamander
Messerfuß
Moorfrosch
Rotbauchunke
Springfrosch
Wechselkröte

Insekten

Achtzehnfleckiger Ohnschild-Prachtkäfer
Adlerfarneule
Alexanor Schwalbenschwanz
Alpen-Apollofalter
Alpen-Mosaikjungfer
Alpenbock
Ampfer-Grasmotteneulchen
Asiatische Keiljungfer
Augsburger Bär
Bärentrauben-Bänderspanner
Beifuß-Bänderspanner
Blauschillernder Feuerfalter
Blauschimmernder Maiwurmkäfer
Braunfleckige Beißschrecke
Breitrand
Brombeer-Perlmutterfalter
Bruchweidenkarmin
Bunter Espen-Frühlingsspanner
Bunter Ölkäfer
Dünen-Ameisenjungfer
Dunkelgraue Eicheneule
Echte Netzflügler
Eckschild Glanz-Prachtkäfer
Eibischfalter
Eichen-Buntkäfer
Eichen-Nulleneule

Eichenwollafter
Eisenfarbener Samtfalter
Englischer Bär
Erdbeereule
Europäischer Brahmaeaspinner
Fangheuschrecken
Fleckenbär
Flußampfer-Dukatenfalter
Frankfurter Ringelspinner
Gebirgsbeißschrecke
Gefleckte Schnarrschrecke
Gefleckter Nadelholzprachtkäfer
Gefleckter Zahnrand-Prachtkäfer
Gelbbein
Gelbe Keiljungfer
Gelbrandiger Maiwurmkäfer
Gemeine Keiljungfer
Gemeine Schiefkopfschrecke
Gestreifte Quelljungfer
Ginsterheiden-Bodeneule
Glanz-Zimteule
Glänzendschwarzer Maiwurmkäfer
Goldpunkt-Puppenräuber
Goldstreifiger Prachtkäfer
Gottesanbeterin
Graue Wollschenkeleule
Große Zangenlibelle
Großer Goldkäfer
Großer Wespenbock
Grüne Beifuß-Erdeule
Grüne Keiljungfer
Grüne Mosaikjungfer
Grüne Strandschrecke
Grünglänzender Glanz-Prachtkäfer
Haarstrang-Widderchen
Haarstrangwurzeleule
Hauben-Azurjungfer
Heckenwollafter
Heide-Laufkäfer
Heidebürstenspinner
Heidekraut-Buntstreifenspanner
Heidekraut-Fleckenspanner
Heideschrecke
Heldbock
Hellgraue Heideblumeneule
Helm-Azurjungfer
Hochmoor-Fichteneule
Hochmoorgelbling
Hügel-Erdeule
Isabellaspanner
Isabellaspinner
Italienische Schönschrecke

Kleine Höckerschrecke
Kleiner Moorbläuling
Kleiner Waldportier
Königskerzen-Braunmönch
Körnerbock
Korsischer Schwalbenschwanz
Kreuzdorn-Großspanner
Kupferglanz-Grünwidderchen
Kurzflügelige Kreiselwespe
Kurzschröter
Langfühlerige Ameisenjungfer
Langfühleriger Schmetterlingshaft
Lederbrauner Fliederspanner
Libellen
Libellen-Schmetterlingshaft
Linienhalsiger Zahnflügel-
prachtkäfer
Löwenzahnspinner
Mattschwarzer Maiwurmkäfer
Metelkanabär
Moor-Wiesenvögelchen
Moosbeeren-Grauspanner
Moosbeeren-Scheckenfalter
Moosbeerenbläuling
Narbiger Maiwurmkäfer
Oberthürs Würfelfalter
Olivbraune Steineule
Östliche Moosjungfer
Pallas' Höckerschrecke
Panther-Ameisenjungfer
Pfaffenhütchen-Wellrandspanner
Pfeifengras-Trauereule
Purpurbock
Ramburs Würfelfalter
Rebels Enzianbläuling
Rittersporneule
Rostspinner
Rotbindiger Samtfalter
Rotbraune Wintereule
Rotbuchen-Rindenflechtenspanner
Rotpunktierter Walzenhalsbock
Rußspinner
Schachbrett-Dickkopffalter
Scharfzähniger Zahnflügelprachtkäfer
Scharteneule
Schmetterlinge
Schnabelkerfen
Schuppenmieren-Blüteneule
Schwarzblauer Moorbläuling
Schwarze Hochglanzeule
Schwarzer Apollofalter
Schwarzer Bär
Schwarzer Grubenkäfer

Schwarzfleckiger Bläuling
Schwarzfleckiger Golddickkopf
Schwarzfüßiger Walzenhalsbock
Schwärzlicher Erdeule
Sibirische Azurjungfer
Sibirischer Bienenkäfer
Silbermönch
Smaragdgrüner Puppenräuber
Spanischer Osterluzeifalter
Späte Adonislibelle
Springheuschrecken
Steirischer Fanghaft
Steppen-Dickkopffalter
Steppen-Sattelschrecke
Steppenheiden-Erdeule
Steppenheiden-Spannereule
Südlicher Blaupfeil
Sumpfporst-Rindeneule
Tannenstreckfuß
Trauerspinner
Ufer-Laufkäfer
Veränderlicher Edelscharrkäfer
Veritiys Würfelfalter
Vierfleck-Dolchwespe
Violetthalsiger Maiwurmkäfer
Vogel-Azurjungfer
Wachsblumenböckchen
Waldmoor-Laufkäfer
Waldreben-Schmuckspanner
Warrens Würfelfalter
Weidenglucke
Weißdorn-Keulhornblattwespe
Weißgraue Graseule
Wiener Sandlaufkäfer
Wiesenrauten-Blattspanner
Zierliche Moosjungfer
Ziest-Dickkopffalter
Zottelbock
Zweifleck
Zweifleckige Plumpeule
Zwergeulchen

Muscheln

Abgeplattete Teichmuschel
Donau Teichmuschel
Europäische Auster
Flußperlmuschel
Kleine Flußmuschel
Schlanke Teichmuschel

Adressen

Deutschland

Animal 2000
Tierversuchsgegner Bayern e.V.
Postfach 1411
85521 Ottobrunn
Telefon 089/5469050

Arbeitsgemeinschaft Regenwald und Artenschutz (ARA),
Postfach 100466,
33504 Bielefeld, Telefon
0521/65943

Artenschutzzentrale TRAFFIC im WWF: siehe World Wildlife Fund

Bund für Umwelt- und Naturschutz Deutschland (BUND),
Im Rheingarten 7, 53225 Bonn,
Telefon 0228/400970

Bundesminister für Umwelt,
Kennedyallee 5, 53175 Bonn,
Telefon 0228/3050

Bundesverband Bürgerinitiativen Umweltschutz (BBU), Prinz-Albert-Straße 43, 53115 Bonn,
Telefon 0228/214032

Bundesverband Tierschutz, Dr.-Hermann-Boschheidgen-Straße 20,
47447 Moers, 02841/25244

BUNDjugend des Bund für Umwelt und Naturschutz Deutschland (BUND), Friedrich-Breuer-Straße 86, 53225 Bonn, Telefon
0228/467005

Deutsche Umwelthilfe, Güttinger Straße 19, 78315 Radolfzell,
Telefon 07732/99950

Deutscher Naturschutzring (DNR) Bundesverband für Umweltschutz,
Am Michaelshof 8-10,
53177 Bonn, Telefon
0228/359005

Deutscher Tierschutzbund,
Baumschulallee 15, 53115 Bonn,
Telefon 0228/631005

Gesellschaft zum Schutz der Meeressäuger (EMS),
Möhlmannweg 2,
22587 Hamburg,
Telefon 040/868774

Greenpeace Deutschland,
Vorsetzen 53, 20459 Hamburg,
Telefon 040/31186-0

Naturschutzbund Deutschland,
Herbert Rabiusstraße
26, 53225 Bonn,
Telefon 0228/975610

Naturschutzjugend,
Königsträßle 74, 70597 Stuttgart,
Telefon 0711/7656612

Robin Wood, Nernstweg 32-34,
22765 Hamburg,
Telefon 040/3909556

Umweltbundesamt,
Bismarckplatz 1, 14193 Berlin,
Telefon 030/8903-0

World Wildlife Fund Deutschland (WWF), Hedderichstraße 110,
60596 Frankfurt, Telefon
069/6050030

Österreich

ARGE Österreichischer Bürgerinitiativen, Reichenauer Straße 34,
6020 Innsbruck,
Telefon 05222/44198

Freunde der Erde,
Mariahilferstr. 125, 1040 Wien,
Telefon 0222/5971443

Greenpeace Österreich, Mariahilfer Gürtel 32, 1060 Wien,
Telefon 0222/5973046

Initiative gegen Tierversuche,
Postfach 40, 5015 Salzburg
Naturfreunde Österreich, Viktoriagasse 6, 1140 Wien, Telefon
0222/838608-0

Österreichische Gesellschaft für Natur- und Umweltschutz (ÖGNU), Hegelstraße 21/1,
1010 Wien, Telefon
0222/5132962

Österreichischer Naturschutzbund,
Arenbergstraße 10,
5020 Salzburg, Telefon
0662/642909

World Wildlife Fund Österreich (WWF), Ottakringer Straße 114-116/9, 1162 Wien,
Telefon 0222/4091641

Schweiz

Greenpeace Schweiz,
Müllerstraße 37, Postfach 4927,
8002 Zürich, Telefon 01/470005

Naturfreunde Schweiz (NFS),
Mühlemattstraße 31,
Postfach, 3007 Bern,
Telefon 031/456004

Schweizer Bund für Naturschutz (SBN), Postfach, 4020 Basel,
Telefon 061/3127442

Schweizer Tierschutz, Birsfelderstraße 45, 4052 Basel,
Telefon 061/412110

Schweizer Vogelschutz (SVS), Zurlindenstraße 55, Postfach 332,
8036 Zürich,
Telefon 01/4637271

Schweizerische Gesellschaft für Umweltschutz (SGU), Merkurstraße 45, Postfach 124a,
8032 Zürich, Telefon
01/2512826

World Wildlife Fund Schweiz (WWF), Hohlstraße 110,
8004 Zürich,
Telefon 01/2722044

Index

Abfischung 25
Abholzung 22
Abschußprämie 50
Abstammungslehre 12
Abwasser 24, 28
Adélie-Pinguin 55
Adler 50
Admiral 19
Affen 89-93
Afrikanischer Elefant 72
Aktion Schwarzstorch 54
Aktionsprogramm Rhein 29
Albatros 16
Albatros 40
Alligator 36
Alpenbock 22
Alpenschneehuhn 49
Alpensteinbock 79
Amazone 46
Ameise 23, 66
Ameisenbär 66
Amerikanische Auster 25
Amphibien 30-34
Amundsen, Roald 57
Antarktis 56
Antarktis-Vertrag 57
Antilope 78
Apollofalter 18
Ara 46
Areal 13
Arktis 82
Artenschutz 14
Asiatischer Elefant 72
Asiatischer Löwe 86
Auster 25
Automarder 89
Bach 21, 42
Bär 13
Bär 80
Barbe 28
Barsche 28
Bartenwal 68
Baummarder 89
Baumschläfer 63
Baumschliefer 73
Bawean-Schweinshirsch 78
Berggorilla 90
Bergmolch 33
Bestäubung 20
Beutelspitzmaus 59
Beutelteufel 58
Beuteltier 58

Beutelwolf 58
Bewässerung 21
Bhutan-Rothirsch 78
Biber 62
Bibergeil 62
Biene 19, 20
Biotop 31
Birkhuhn 48
Blauwal 68
Blütenbestäubung 19
Bockkäfer 22
Bonito-Thunfisch 26
Braunbär 8
Brehm, Alfred Edmund 36
Brillenbär 80
Brillenkaiman 36
Bruchlandschaft 33
Brückenechse 37
Brutzeit 42
Buckelwal 68
Buntspecht 54
Buschschliefer 73
Bussard 50
Chemikalie 26, 28, 30, 50, 53
CITES 14, 36, 72, 87
Cook, F.A. 83
Dachs 60
Damm 29
Darwin, Charles Robert 12
DDT 16, 41, 51, 55
Delphin 34, 70
Desertifikation 79
Dingo 58f
Dinosaurier 12, 36
Dodovogel 16
Dreibinden-Kugelgürteltier 67
Drossel 44
Dugong 72
Düngemittel 19, 28
Dünnsäure 25
Dürreperiode 44
Echse 38
Eichhörnchen 52
Eidechse 54
Eindeichung 21
Eisbär 82
Eisvogel 42
Elefant 72
Elfenbein 72
Endlosspirale 16
Entwässerung 21

Eukalyptus 59
Eule 52
Eulenpapagei 46
Eutrophierung 19, 29
Evolutionstheorie 12
Exxon Valdez 40
Fächereffekt 16
Fadenmolch 33
Faultier 66f
Feldhamster 63
Feldlerche 44
Feldmaus 50
Felle 86
Feuchtbiotop 33, 62
Feuchtgebiet 32, 44, 54
Feuchtwiese 31, 48
Feuersalamander 33
Finnwal 68
Fisch 24, 26-29, 52, 55
Fischfangflotte 27
Fischotter 89
Fischreiher 43
Fischverabeitung 27
Flachmoor 33
Fleckenkauz 53
Fledermaus 54, 64f
Fledertier 64
Flughund 64
Flugroute 55
Fluß 21, 28, 42
Flußbegradigung 29
Flußdelphin 71
Flußpferd 73
Forstschutzbehörde 22
Forstwirtschaft 48
Freizeitsport 49
Frosch 30, 52, 53, 54, 89
Froschlurch 30
Fuchs 60
Fungizid 18
Galapagos-Insel 35
Galapagos-Riesenschildkröte 35
Gänsevogel 48
Garten 31, 45
Gartenschläfer 63
Gavial 36
Gazelle 78
Geburtshelferkröte 31
Gelbflossen-Thunfisch 71
Gemeine Seenelke 25
Gemeine Seerobbe 84
Gemeiner Kalamar 25
Giraffe 78

Global 2000 13, 17
Gnu 78
Goldgelbes Löwenäffchen 90
Golfkrieg 24
Gorilla 92
Graubär 80
Graureiher 42
Greenpeace 57, 68, 71
Greifvogel 50, 53, 60
Grizzlybär 80
Großer Ameisenbär 66f
Großer Panda 80
Großes Indisches Nashorn 77
Großes Wiesel 89
Großkatze 86
Großwildjagd 76
Grundwasser 28
Grüne Meerkatze 93
Grüner Leguan 38
Grünspecht 55
Gürtelmull 67
Gürteltier 66
Haarigel 61
Habicht 48, 50
Haifisch 26, 70
Halbaffen 89-93
Halbwüste 79
Haselmaus 63
Haubentaucher 42
Hausbock 22
Haushuhn 49
Haustier 50
Hawaiigans 48
Heide 21
Herbizid 18, 51
Hering 26
Hermelin 88
Hirsch 78
Hirschkäfer 23
Hochmoor 32, 48
Hochspannungsleitung 45, 51, 53
Holzschutzmittel 22, 55
Honigbiene 20
Honigdachs 88
Hornisse 20, 54
Horstschutzgebiet 51
Huftier 72
Huhn 88
Hühnervogel 48
Hummel 19, 20
Hüttenjagd 53
Igel 52, 60

Iltis 89
Industrialisierung 14
Industriewald 22
Insekten 18-23, 32
Insektenfresser 60
Insektizid 18, 55
IWC - Internationel Walfang-Kommission 69
Jaguar 86
Jarkand-Rothirsch 78
Java-Nashorn 77
Kabeljau 26, 84
Käfer 18, 22, 54
Kaiman 36
Kaiserpinguin 55
Kakadu 46
Kakapo 46
Kammolch 32f
Kammuschel 25
Kampf ums Dasein 12
Känguruh 58
Kaninchen 58
Kap-Nashorn 77
Karettschildkröte 34
Karpenfisch 28
Katze 16
Katzenbär 80
Kausalkette 16
Kegelrobbe 84
Kläranlage 25, 28
Klärschlamm 25
Kleiber 54
Kleiner Panda 80
Kleines Wiesel 89
Klippschliefer 73
Kloakentier 59
Knoblauchkröte 31
Koala 58, 59
Kolbenente 42
Kolibri 46, 89
Komodo-Waran 38
Kondor, Kalifornischer 50
Königskobra 38
Königspinguin 57
Königstiger 86
Konvention zum internationalen Handel mit gefährdeten Tier- und Pflanzenarten 14
Koralle 24f
Krähe 53
Krebs 34
Kreuzkröte 31
Krickente 42

Kriegsfolgen 79
Krokodil 36
Kröte 30
Kulturnachfolger 60
Kunstpelz 87
Lachs 26, 28, 84
Laichgewässer 30, 32
Landgewinnung 54
Landschaftsveränderung 10
Landschildkröte 34
Landwirtschaft 18, 21, 48, 66
Laubwald 31
Lederschildkröte 34
Leguan 38
Lemming 82
Leopard 86f
Lepidopterologe 18
Linné, Carl von 10
Löffelente 42
Londoner Dumping Konvention 24
Lori 46
Löwe 86
Luftverkehr 51
Lumme 40
Magerwiese 21
Maki 89
Malariamücke 17, 30
Mammut 12
Manati 72
Mandschurischer Sikahirsch 78
Marder 48, 60, 88

Maus 52ff, 88
Meer 24
Meeresschildkröte 34, 70
Meise 54
Melioration 21
Menschenaffe 92
Milan 50
Mischwald 31
Mohrenkaiman 36
Molch 32
Mondfisch 70
Monokultur 20, 23, 45
Moor 21, 33
Moorente 42
Moschusochse 12
Moschustier 78
Muschel 25, 34
Muschelbank 25
Mutation 12
Nachtigall 44
Nachtpfauenauge, Großes und Kleines 18
Nachtreiher 42
Nagetier 62
Nahrungskette 24, 27, 40
Narwal 73
Nasenbeutler 59
Nashorn 10, 76
Nationalpark 66
Naturschutz 21
Naturschutzbehörde 22
Naturschutzgesetz 60
Nebengelenktier 66

Nerz 89
Neunbinden-Gürteltier 67
Neuntöter 44
Niedermoor 32
Nilkrokodil 36
Nordandenhirsch 78
Nordpol 82
Nordsee 29, 83, 85
Nordsee-Dornhai 26
Ökosystem 16, 17
Öl 24
Ölkatastrophe 40
Olm 32
Oologe 51
Orang-Utan 90
Otter 88
Pampashirsch 78
Panda 80f
Papagei 46
Papageientaucher 40, 41
Paradiesvogel 40, 46
Parasit 23
Park 31
PCB 51, 55, 85
Pelikan 40
Pestizid 18
Pfauenkauserfisch 25
Pferd 12
Pflanzenschutzmittel 54
ph-Wert 29
Phytoplankton 24
Pinguin 55
Pirol 44

Weibliches Alpenschneehuhn

Plankton 24, 27, 40
Polarkreis 64
Population 13
Pottwal 68
Produktionswald 23
Radioaktivität 24, 27
Ramsar-Übereinkommen 43
Ratte 16, 52, 88
Raubkatze 78
Rauhfußkauz 52
Raupe 18
Rebhuhn 49
Regenwald 14, 22, 33, 38, 66, 89
Regenwasser-Kläranlage 28
Regenwurm 54
Reiher 40, 42
Rentier 12
Reptilien 34-39
Rhein 29
Rheinanliegerkonferenz 29
Rhesusaffe 93
Rhinozeros 10
Riedwiese 21
Riesengürteltier 66
Ringnetze 71
Robbe 24, 34, 55, 70, 82, 84
Röhricht 42
Rotaugen-Laubfrosch 30
Rotbauchunke 31
Rote Liste 10, 19, 42, 89
Rote Waldameise 22
Rotfuchs 58, 82
Rundschwanzseekuh 72
Safari 86
Sahelzone 44
Salamander 32
Salzwasserfisch 26
Sandoz 28
Säugetiere 15, 58-93
Saurer Regen 28
Saurier 49
Savanne 67
Schädlingsbekämpfungsmittel 50
Schaf 58
Schiffahrt 29
Schildkröte 34
Schildpatt 35
Schillerlocke 26
Schimpanse 93
Schlange 38

Schleiereule 52
Schlickboden 62
Schliefer 73
Schmetterling
Schnabelkopf 37
Schnabeltier 59
Schnatterente 42
Schnecke 54
Schneehase 82
Schneeleopard 86
Schwalbe 44
Schwanzlurch 32
Schwarzbär 81
Schwarzer Lemur 89
Schwarzes Meer 27
Schwarzfußiltis 88
Schwarzstorch 54
Schwertgarnele 25
Seabird Protection Act 40
See 28
Seeaal 26
Seeadler 16
Seeadler 51f
Seeanemone 25
Seehund 84
Seekuh 72
Seemöwe 40
Seeschildkröte 35
Seestern 25, 34
Seestör 26
Seevogel 24, 40, 55, 70
Seiwal 68
Siebenschläfer 63
Singvogel 44
Singvogelfang 44
Sirene 72
Skua 41
Skunk 88
Sommerquartier 44
Specht 54
Speisefisch 27
Sperlingskauz 52f
Spezies 13
Spitzmaus 63
Spix-Ara 46
Stechimme 20
Steinkauz 53
Steinmarder 89
Stellersche Seekuh 72
Stinktier 89
Storch 54
Straße 31
Straßenbau 66
Strauß 40
Sturmtaucher 40

Südafrikanisches Schwarz-Nashorn 77
Südandenhirsch 78
Südpol 55
Sumatra-Nashorn 77
Sumatrabarbe 25
Sumpf 42
Sumpfhirsch 78
Sumpfkrokodil 36
Sumpfohreule 53
Suppenschildkröte 35
Süßwasserfisch 28, 89
Süßwasservogel 42
Tapir 77
Taube 14, 16
Teich 30, 33
Teichmolch 33
Termite 66
Thunfisch 26, 70
Tierart 12
Tiertransport 93
Tiger 86
Tintenfisch 26
Titanus giganteus 22
Tölpel 16, 40
Torf 32f
Trauerschnäpper 54
Treibhauseffekt 89
Treibnetz 70
Tropen 64
Tropenholz 15
Tropenvogel 46
Tuatara 37
Tümmler 40
Tümpel 30, 33
Tümpelsumpfhuhn 42
Turmfalke 50
Überdüngung 29
Übereinkommen zur Erhaltung der wandernden wildlebenden Tierarten 45
Überfischung 27, 55
Überweidung 79
Ufer 42
Uhu 48, 53
Umweltgipfel in Rio de Janeiro 15
Umweltminister 28
Unke 31
UNO 71
Venusmuschel 25
Vereinbarung zum Schutz der Meeressäugetiere 15
Verkehr 21, 45, 53, 60
Verklappung 25

Vogel 15, 32, 40-57
Vogelschlag 45
Wachtel 49
Wal 34, 55, 68, 70, 84
Wald 21, 22
Wald, monokultureller 22
Waldameise 23
Waldkauz 52, 54
Waldsterben 23
Waldvogel 23
Waldzustandsbericht 23
Walroß 73, 84
Walschadensbericht 23
Wanderfalke 48
Waschmittel 28
Washingtoner Artenschutzabkommen 14, 19, 68, 72, 93
Wasserreh 78
Wasservogel 43
Watvogel 43
Wehnert, Dieter 16
Wehr 29
Weißes Nashorn 77
Weißkopfseeadler 51
Weißrückenspecht 54
Weißstorch 54f
Welt-Naturschutzpark 57
Wespe 20, 54
Wieselartiger 88
Wildbiene 20, 54
Winterquartier 44, 55
Winterschlaf 60
Wirbellose 18 - 25
Wirbeltiere, Stammbaum der 13
Wirtschaftswald 22
Wolf 12, 38, 44, 79
Wüstenschlange 38
WWF - World Wildlife Fund for Nature 43, 46, 81, 86
Zaunkönig 44
Zersiedlung 53
Ziervogel 46
Zobel 89
Zoo 92
Zooplankton 24
Zugscheide 55
Zwergwal 68

Die *kursiven* Seitenzahlen weisen auf ein Hauptstichwort auf dieser Seite hin.